Ateliers d'écriture à l'école élémentaire

60 jeux poétiques

DOMINIQUE MÉGRIER

DU CE1 AU CM2

Éditions RETZ
1, rue du Départ
75014 Paris
www.editions-retz.com

Remerciements

Pour Milàn Poyeaud

Je te dédie ce livre Milàn, toi qui as un réel amour de la lecture et de l'écriture, de l'écriture et de la lecture, car tu as compris depuis longtemps que l'une et l'autre sont indissociables.

Merci pour ton aide, pour ces jeux que tu as bien voulu faire et pour le travail qu'ils t'ont demandé ; travail accompagné de plaisir, j'espère !

Fasse que ce livre te conforte dans ton envie d'écrire, de dire, de te dire et de nous dire...

À travers toi, merci à tous les enfants de 10 ans que tu représentes, et qui, un jour, ont travaillé avec moi.

Je tiens à remercier Anne Marty, mon éditrice, qui depuis quelques années accompagne mon travail avec beaucoup de rigueur, de simplicité, d'écoute et un réel amour des enfants.

SOMMAIRE

AVANT-PROPOS

L'enfant et la poésie, l'enfant et l'écriture

Les jeux de ce livre sont plus des jeux poétiques que des jeux littéraires généraux. Par là, j'entends que seront proposés, au cours des pages qui suivent, des jeux où les sons et les rythmes auront une grande importance. Chez l'enfant, sons et rythmes répondent à un besoin : la poésie prenant sa source même au cœur des rythmes respiratoires. Dès son plus jeune âge, dès sa naissance, le nouveau-né « vocalise », « gazouille », en modulant des sons avec un extrême plaisir.

L'imagination, ou cette faculté qu'a l'esprit humain de se représenter des images, est un aspect important du développement de l'enfant. Son imagination se concrétise dans plusieurs domaines : corporel, plastique, mais aussi à travers le langage. Le langage poétique donne à l'imagination toute sa place en rendant concret l'univers des sensations, des sentiments, par des métaphores qui mettent en liaison des images plus ou moins réelles avec lesquelles les enfants joueront pour leur plus grand plaisir.

Jean-Paul Sartre, dans son essai *L'Imaginaire*, écrivait : « L'acte d'imagination est un acte magique, c'est une incantation destinée à faire apparaître l'objet auquel on pense, la chose que l'on désire de façon à ce que l'on puisse en prendre possession » ; or, l'enfant sait jouer avec cette magie, et même la réclame, il a besoin de cet acte magique pour s'élever, se développer, se trouver, savoir qui il est et s'armer pour affronter la vie, sa vie d'adulte.

Le jeu poétique

Jeu poétique ou jeu d'écriture ? Il semblerait que le « jeu d'écriture » soit une entité dont le « jeu poétique » serait l'une des composantes. Je propose donc, dans ce livre, des jeux poétiques car ils sous-entendent, pour moi, des textes courts, à l'inverse du récit ou d'autres textes longs. Cela ne veut cependant pas dire qu'un récit ne puisse être poétique et je pense, en écrivant cette phrase, à Charles Juliet et à son récit *Lambeaux*, tout empreint des merveilles de la poésie.

Qu'est-ce qu'un jeu poétique ?

Lorsque le mot « jeu » est employé, il sous-entend « plaisir ». Par ces jeux donc, l'enfant connaîtra le plaisir de créer, le plaisir d'exprimer ses sensations, ses émotions et ceci par les mots, tout comme il peut le faire par la peinture, la musique ou le théâtre.

Pourtant, à cette notion de jeu est associée ici la notion de contrainte, contrainte sur la forme ou sur le fond, selon les jeux. Plaisir et contrainte ne sont pas antinomiques. Jacques Prévert, vers la fin de sa vie, disait : « Toute ma vie j'ai joué… avec les mots. Ceux de tous les jours et de tout le monde, les bons et les moins bons, les gros et les sacrés. Je les ai attrapés au vol et tirés au sort. Je les ai mélangés dans tous les sens et dans tous leurs sens. Je me suis bien amusé… ».

Je veux vous avouer que des enfants m'ont déclaré, à la fin d'un atelier, qu'ils s'étaient bien amusés eux aussi. Leur entrée dans l'écrit était gagnée !

Tout en présentant aux enfants ces ateliers sous forme ludique, nous ne pouvons leur cacher qu'il s'agit d'un réel travail, et qu'ils auront un effort à fournir. Alors, jeu ou exercice ? Il convient à chaque adulte de choisir le terme qu'il préfère, celui qui sera le mieux adapté à sa conception des ateliers d'écriture.

Qu'il s'agisse de jeux ou d'exercices, nous devons donner aux enfants des outils, des clés d'écriture, que ce soit pour l'écriture en général ou pour l'écriture poétique en particulier. C'est pourquoi tous les jeux sont basés sur une contrainte de départ (plus ou moins lourde).

Le jeu poétique et l'Oulipo

Certains des jeux de ce livre s'inspirent ou sont repris de l'Oulipo.

L'Oulipo (Ouvroir de littérature potentielle) est un groupe de recherche de littérature expérimentale. Son but est de donner des moyens d'écrire en inventant des structures nouvelles. À sa création, ses membres étaient aussi bien des mathématiciens, comme François le Lionnais, que des écrivains, comme Raymond Queneau.

Peut-on inviter un enfant à plagier, copier ou pasticher au cours d'un jeu d'écriture ?

Plagier, c'est recopier purement et simplement un texte ou un extrait de texte. Pasticher peut se définir comme une imitation très précise d'un auteur.

En ce qui concerne les enfants (et toute personne ayant l'envie d'écrire), je suivrais l'avis de Lautréamont lorsqu'il dit : « Plagier est nécessaire… ». Donnons à l'enfant les moyens de s'approprier certains auteurs pour son entrée dans la littérature, dans la culture, et pour qu'ensuite il puisse trouver son propre style, tout comme Mozart l'a fait avec Bach. En effet, c'est en le plagiant (en le recopiant) que Mozart a pu écrire dans le style de Bach pour, ensuite, intégrer ce style au sien propre et, enfin, trouver la forme d'écriture musicale qui fut la sienne.

Proposons donc aux enfants des jeux de plagiat, de pastiche sans arrière-pensée aucune, cela leur apprendra les techniques de tel ou tel auteur et leur permettra de se familiariser avec les règles principales de l'écriture, en s'imprégnant de nombreuses possibilités offertes par le langage.

L'atelier d'écriture

Un atelier d'écriture n'est certes pas le nouveau terme à la mode qui remplacerait celui de rédaction…

À quoi sert d'écrire durant ces ateliers ?

L'écriture pratiquée de cette façon sert à partager : avec les autres, avec soi. Claire Boniface (*Les Ateliers d'écriture*, Éditions Retz, Paris, 1992) écrit : « Le plus petit dénominateur commun des ateliers d'écriture est une situation où sont réunies plusieurs personnes qui prennent connaissance des textes écrits par des membres de l'atelier ».

L'écriture sert à révéler des expériences réelles ou imaginaires, que l'on prend soin de construire en jouant avec la syntaxe, la grammaire et l'étendue du vocabulaire. Elle ouvre la communication, elle précise ce que les mots parlés disent trop vite ou de façon trop vague. L'écriture crée également de la permanence et du souvenir. Danièle Sallenave a démontré, et c'est d'ailleurs le titre de l'un de ses livres, que l'écriture est le « don des morts ».

Les objectifs des ateliers d'écriture et des jeux d'écriture poétique

1. « La poésie est à la portée de tout le monde », écrivait Francis Ponge.

L'enfant ressent intuitivement la poésie et entre dans ce monde beaucoup plus rapidement et aisément qu'on ne pourrait le penser... L'écriture n'est pas un don réservé à une élite. En chacun de nous sommeille un poète et, grâce aux ateliers d'écriture, il est possible de le faire surgir à l'aide d'outils (les jeux) imaginatifs. Le *mot* et l'*imagination* sont donc les deux éléments fondateurs du dispositif général.

Tout enfant, de tout âge et de tout niveau (ayant des difficultés ou non à l'écrit) peut suivre un atelier d'écriture et pratiquer les jeux proposés dans cet ouvrage. L'enfant ayant des difficultés à l'écrit et notamment en vocabulaire, écrira avec celui qu'il possède et l'enrichira au fur et à mesure de la pratique de ces jeux.

De la même manière, un enfant détenant un champ lexical plus élevé que celui de la moyenne, écrira avec un vocabulaire élaboré et y prendra plaisir (même si le jeu en lui même est très simple) puisque c'est lui, l'« écrivant », qui situe le niveau de son travail et non le jeu lui-même.

2. L'écriture par le jeu poétique est *libératrice* car elle permet d'exprimer des secrets, de les libérer et de s'en libérer, et cela par le biais de la métaphore.

La contrainte donnée dans les jeux est elle-même libératrice car elle permet de se cacher derrière ces consignes plus ou moins rigides, tout en étant un déclic à l'acte d'écrire.

Tous les enfants me semblent égaux face à l'acte d'écrire quand il se situe au niveau du jeu poétique. En effet, si la contrainte est bien comprise, tout enfant, même avec des mots simples, pourra dire ses émotions et se dire émotionnellement. L'enfant en échec dans l'institution trouve, par le biais de ces jeux, un excellent moyen de pouvoir s'exprimer puisque les règles, les normes de l'écriture sont bousculées, voire annulées.

3. L'écriture par le jeu poétique oblige l'enfant à entrer dans l'univers de nos auteurs, de nos poètes et à *prendre possession de notre patrimoine littéraire*. La poésie met nos sens en éveil et la petite parcelle de poète qui vit en chacun de nous se nourrit, se développe au contact de l'art, dès lors que *nos sens sont ouverts à une émotion acceptée*.

4. L'écriture entraîne donc à la *lecture* et à la découverte de la lecture poétique. Dans un atelier d'écriture, le mot « lire » revient souvent ; on donne à lire ses œuvres aux autres participants et on lit de la littérature. La participation à un atelier d'écriture constitue alors une « entrée en littérature », dans le « mieux lire » ou le « lire autrement », alors que, bien souvent, nous sommes éduqués avec l'idée qu'il faut lire pour mieux écrire.

5. L'écriture par le jeu poétique entraîne la *découverte d'un autre langage*. Les enfants sentent instinctivement que l'écriture poétique est un mode d'expression privilégiée, qu'il faut batailler avec les mots, les triturer, les tordre, jouer avec, mais qu'ils seront toujours là, mots signifiants.

6. Le jeu poétique permet une *approche vivante de la langue et un déblocage par rapport à celle-ci*. Il sensibilise les enfants à sa malléabilité et offre un contact ludique avec l'écriture, en démontrant que l'on peut manipuler les mots comme les couleurs.

7. L'écriture par le biais du jeu poétique collectif permet une *socialisation immédiate et développe le sens critique*.

Les effets des ateliers d'écriture et des jeux d'écriture poétique

Le *plaisir* d'écrire apparaît avant toute chose ; or, s'il y a plaisir et jeu, chaque enfant, chaque « écrivant » pourra aller plus loin : explorer, échanger, changer...

Le travail en atelier, le seul fait d'écrire, produit des effets positifs sur l'enfant. Ces *déblocages* sont plus importants que l'écrit lui-même.

L'atelier d'écriture entraîne une *confiance accrue en soi-même*. L'enfant aura plus confiance en ses capacités, et ainsi sa communication avec autrui en sera améliorée.

Il est donc important, et je me plais à le souligner, que ces jeux poétiques au cours des ateliers soient menés dans un certain état d'esprit : esprit de création, de recherche, de plaisir, de partage, d'étonnement... Il s'agit d'un temps particulier qui demeure un temps de joie, de travail et de quête imaginaire.

Je tiens particulièrement aux termes « atelier d'écriture », car ils évoquent une idée d'artisanat, de création et c'est cette approche de l'écriture que je tiens à défendre ici.

Les jeux qui suivent ont tous été menés dans des ateliers que j'ai dirigés soit en milieu scolaire, soit hors temps scolaire.

Une méthode d'utilisation ainsi que des conseils sont donnés, dans les pages suivantes, mais il est bien entendu souhaitable que chaque adulte puisse créer sa propre méthode, en s'inspirant de ces jeux et en les adaptant au groupe d'enfants avec lequel il travaille.

MÉTHODE D'UTILISATION

Il est important de donner quelques précisions quant à l'utilisation de ce livre et des jeux qui en constituent la majeure partie.

Ce livre s'adresse aux enseignants, aux animateurs mais aussi aux parents et aux enfants. Il s'adresse à toute personne désireuse de jouer avec les mots, à toute personne ayant la certitude que l'acte d'écrire est un acte créateur et formateur dans la prise de conscience qu'il entraîne de soi et du monde qui nous entoure et dans lequel nous vivons. Mais encore faut-il savoir comment commencer, et la série de jeux proposés tente de répondre à cette question : comment et par où commencer ?

Certains de ces jeux sont inventés, d'autres sont détournés et, enfin, certains sont repris de l'Oulipo.

Toute personne désireuse de transmettre des connaissances et pouvant optimiser le plaisir de lire et d'écrire peut encadrer ces ateliers.

Déroulement d'une séance type

La durée est d'environ 1 heure (minimum) :

1. Mise en condition : environ 8 à 10 minutes.

Travail de recentration, de concentration : petite relaxation.

2. Déroulement : environ 50 minutes.

- Explications du jeu et/ou des contraintes le plus clairement possible (10 à 12 minutes). Éventuellement, lecture d'exemples, de textes d'auteurs, échanges à partir de ces textes.
- Temps d'écriture (environ 30 minutes). Le temps d'écriture sera toujours minuté : « Vous avez *n* minutes pour écrire ». Durant ce temps, le silence est de rigueur ainsi que le respect du travail de l'autre.
- Temps de lecture (environ 10 minutes). Lecture du texte rédigé

pendant le temps d'écriture, par chaque participant et en direction de tous.

Ce stade est nécessaire :

- tous les textes sont valorisés ;
- respect et écoute de l'autre ;
- acquisition du sens critique ;
- en se relisant à haute voix, certaines imperfections peuvent apparaître : l'enfant peut ainsi s'autocorriger.

Description des fiches de jeux

Les fiches proposées suivent généralement le même schéma, avec les rubriques suivantes :

1. **Les objectifs :** ce sont les buts à atteindre afin que chacun puisse améliorer ses écrits.
2. **Le niveau :** à quel âge peut-on faire tel ou tel jeu ? Certains d'entre eux peuvent être de nature trop difficile pour des enfants de cycle 2, requérant des acquis trop élevés pour cet âge. Néanmoins, il appartient à chaque enseignant, animateur ou parent, d'évaluer la difficulté et de détourner le jeu ou la contrainte afin de pouvoir le proposer à des enfants plus jeunes.
3. **Le matériel :** cette rubrique dresse la liste nécessaire à chaque jeu.
4. **La nature du jeu :** elle indique s'il s'agit d'un jeu collectif et/ou individuel, voire à réaliser à deux.
5. **La situation d'écriture :** elle fournit l'explication du jeu, ainsi que la contrainte d'écriture.
6. **Les exemples :** ils sont donnés à titre indicatif et ont tous été réalisés lors d'ateliers en milieu scolaire ou hors temps scolaire.

   Certains de ces exemples pourront paraître étonnamment élaborés pour un niveau d'école primaire ; néanmoins, ils ont bien tous été écrits par des enfants. Dans un même atelier d'écriture, les niveaux sont différents et c'est volontairement que sont proposés des exemples allant des plus recherchés aux plus simples.

7. **Les prolongements** : ce sont les variantes possibles à donner aux jeux, chaque jeu pouvant engendrer de multiples combinaisons.

8. **Le commentaire** : il peut faciliter la tâche des personnes ayant la volonté d'encadrer des ateliers d'écriture. Ces commentaires sont tous issus de situations vécues au cours d'ateliers.

Catégories des jeux et progression

Pour écrire, il ne faut pas avoir peur d'exprimer ses sensations, ses ressentis ; les enfants doivent donc acquérir une certaine confiance en eux.

Pour écrire, il faut aussi se sentir libre face au langage, en connaître les possibilités mais aussi les contraintes.

Pour répondre à ces besoins, les jeux sont rassemblés en trois catégories :

- les jeux « débloquant » l'écriture, libérant l'imaginaire et la créativité ;
- les jeux permettant une approche de la langue écrite, presque toujours conçus à partir d'un texte d'auteur ;
- enfin, les jeux à contraintes favorisant la mise en place de certains procédés, propres au langage poétique.

Il est donc important de proposer, dans un premier temps et en début du travail d'atelier d'écriture, des jeux de déblocage (chapitre 1) visant à pallier l'angoisse de la page blanche, le soi-disant manque d'idées et certaines réticences vis-à-vis de l'écriture. Les jeux à partir d'un texte et les jeux à contraintes peuvent ensuite être pratiqués au gré de l'animateur, une fois le premier stade dépassé.

Les dix principes de déroulement d'un atelier d'écriture

Cette liste est établie selon les 21 principes de Jacques Jouet – « oulipien » ayant animé de nombreux ateliers d'écriture.

Chaque atelier est doté de sa propre personnalité et il est nécessaire que chaque animateur crée son propre univers. Cependant, il est bon de rappeler certains principes fondamentaux régissant la conduite d'un atelier d'écriture :

1. L'atelier accueille une quinzaine d'enfants au maximum.
2. Il doit durer au moins une heure ; la durée devra toujours être fixée en début d'atelier.
3. Tous les participants doivent écrire, mais on ne peut forcer personne à écrire, on ne peut qu'encourager.
4. L'écriture se met en place à partir de consignes énoncées clairement et présentant toujours un aspect ludique.
5. À la fin du temps d'écriture défini, chaque texte est lu à haute voix par son auteur ou, selon le type de jeu, par une autre personne.
6. Le premier participant qui lit est volontaire ; ensuite, on suit le tour de table.
7. Les critiques, s'il y en a, seront faites par l'animateur et sur le seul critère du respect ou non des consignes données en début de jeu.
8. Un texte peut être retravaillé ou non.
9. L'animateur peut aussi écrire selon le type de jeu proposé, notamment pour les jeux impliquant un hasard. Cependant, il ne participera pas aux jeux qui pourraient le favoriser (en raison de sa connaissance des contraintes, par exemple).
10. Un atelier d'écriture aura toujours pour maîtres mots : humilité, don et concentration.

CONSEILS À L'ANIMATEUR

L'atelier d'écriture : un moment privilégié

L'atmosphère d'un atelier d'écriture est différente du temps de classe, même si celui-ci se déroule pendant le temps scolaire.

L'enfant, sa pensée, ses sensations, sa personnalité propre sont mis en avant.

Ce temps se différencie des activités d'orthographe et de grammaire : un atelier d'écriture n'est pas un cours de français. Cependant, on peut reprendre, durant le temps consacré aux activités de français, certains points non acquis qui auraient été relevés durant ces ateliers.

Les jeux

Les jeux de cet ouvrage proposent un cadre, un déroulement de travail, mais chaque animateur reste libre d'effectuer, à l'intérieur de ce cadre, les modifications qu'il jugera nécessaires au bon déroulement de son atelier.

L'apport littéraire

L'animateur doit avoir lu les ouvrages auxquels il fera référence dans tel ou tel jeu, afin de donner aux enfants des renseignements très précis quant aux auteurs cités – qui constitueront un début de culture littéraire – et d'élargir le niveau d'échange et de communication.

Attention et respect de la personne

Le travail d'écriture fait appel à la sensibilité de la personne, à son univers mental ainsi qu'à une certaine forme de connaissance.

L'animateur doit veiller à ce que ce moment d'écriture ne soit pas vécu trop douloureusement par les enfants, que ce soit pendant le temps d'écriture ou pendant le temps de lecture en fin de séance.

Au cours d'un atelier d'écriture, tout peut être dit et écrit, surtout en ce qui concerne l'écriture poétique. L'animateur devra donc faire abstractions de ses propres visions poétiques et accepter celles qui sont proposées par les « écrivants ».

Chaque enfant doit donc être entouré de respect et d'attention de la part de l'animateur.

Attention et respect du travail d'autrui

Durant le temps d'écriture et de lecture, certaines règles doivent être respectées par tous : la première étant d'observer le plus grand silence, nécessaire à la bonne concentration de chacun. Quand on écrit, on ne fait que cela : on ne mange pas, etc.

Le support : cahiers ou feuilles ?

Il appartient à chaque animateur de décider en début d'année quel sera le support d'écriture. Les cahiers semblent préférables, car ils gardent la trace et l'évolution des écrits de chaque enfant.

Pour conserver les écrits du groupe et de son évolution, les textes peuvent être dactylographiés (ce qui renforce leur sérieux) et classés chronologiquement.

La mise en page

Quand les textes sont dactylographiés, il est très important de respecter la mise en page proposée par l'enfant.

En début d'année, et surtout en ce qui concerne ces jeux poétiques, il faut préciser aux enfants qu'ils ne sont pas obligés d'aller au bout de la ligne et que ce travail s'apparente à l'écriture de vers, que ce sont des vers libres. Leur proposition de mise en page doit toujours être respectée.

Signature

Un texte sera toujours signé par son auteur. L'enfant prend ainsi conscience qu'il est bien l'auteur du texte et qu'il le revendique.

Les exemples

Pour appuyer l'explication du jeu en début de séance, on peut lire aux enfants les exemples proposés dans ce livre (ceci pour les mettre sur la voie).

Tous ont été écrits lors d'ateliers par des enfants. Ceux-ci n'étaient pas tous du même niveau scolaire et n'ont pas tous écrit dans les mêmes conditions (ateliers scolaires, ateliers hors temps scolaires, seul à la maison). Certains enfants, pour une même tranche d'âge, maîtrisaient mieux l'écriture que d'autres. Mais il a semblé plus intéressant de faire figurer des textes de tous les niveaux.

Ces textes sont donc bien des exemples et non pas un but à atteindre et à reproduire à la lettre.

L'animateur

Il doit pratiquer avec plaisir, et en dehors de cet atelier qu'il dirige, l'écriture, afin de transmettre et de donner aux autres ce désir d'écrire.

JEUX DE RECENTRATION

Ces jeux entraînent l'enfant à fixer progressivement son attention de l'extérieur vers l'intérieur, à cesser de se disperser.

Ces jeux de concentration, de respiration, de visualisation ou de relaxation peuvent être pratiqués en début d'atelier d'écriture afin que les participants entrent en harmonie avec eux-mêmes et trouvent la sérénité nécessaire à l'acte d'écriture.

La concentration

L'enfant a peut-être des difficultés à terminer une tâche, il papillonne d'une activité à une autre et, dit-on, a du mal à fixer son attention... Les exercices de concentration peuvent le corriger en lui apprenant à mieux se maîtriser et se connaître. Ils doivent être exécutés dans un climat de calme et de détente. Des consignes précises, dites par l'animateur d'une voix calme, guident les enfants ; l'adulte, par sa propre concentration, les sécurise.

Les yeux fermés en musique

Inviter les enfants à s'asseoir confortablement sur leur siège, les mains posées sur les cuisses et leur indiquer qu'ils doivent garder les yeux clos tant que durera la musique. Cet exercice est la base de certains autres, notamment en relaxation. Une musique appropriée entraîne au calme et à la sérénité (voir Musicographie).

Mes bruits

En position assise, confortablement installé, les yeux fermés, l'enfant porte son attention d'abord sur les bruits qu'il peut entendre à l'extérieur de la pièce, puis sur les bruits qu'il entend à l'intérieur de la pièce, enfin, sur ses propres bruits (« le passage de l'air dans mes narines », « les bruits de mon ventre », « l'air qui ressort de ma bouche », « le bruit de mon cœur », etc.). L'enfant reste quelques instants dans cette position, calme et détendu, puis ouvre les yeux, s'étire et peut doucement bouger.

La respiration

Les enfants à l'écoute de leur rythme respiratoire acquièrent une plus grande maîtrise d'eux-mêmes, d'où découle une sensation de bien-être, de plaisir.

En demandant aux enfants de fixer leur attention sur leur respiration, leur pouvoir de concentration en sera augmenté.

La fleur

Debout, les deux pieds bien plantés sur le sol et les mains sur l'abdomen, les enfants vont imaginer avoir une fleur posée entre les sourcils et vouloir la sentir. Pour cela, ils vont inspirer lentement et profondément par le nez (et sentir leur ventre se gonfler), puis expulser l'air par la bouche (et sentir leur ventre se dégonfler et leurs mains s'abaisser).

J'imagine et je respire

Tandis que les enfants sont confortablement assis sur leur siège, leur demander d'imaginer qu'ils respirent un parfum, une fleur, un gâteau au chocolat, qu'ils soufflent sur une boisson chaude, qu'ils gonflent un ballon, qu'ils font des bulles, etc. À chaque indication, laisser aux enfants le temps de trouver le rythme respiratoire qui leur est propre pour exécuter chaque exercice.

La visualisation

La visualisation permet à l'enfant de retourner aux sources de son imagination. Elle favorise la concentration, la relaxation et augmente la faculté de mémorisation. Elle développe donc imagination et créativité et est particulièrement conseillée avant des jeux d'écriture.

Le rôle de l'animateur sera d'inviter l'enfant à composer ses propres images et à les voir comme dans un rêve sur son « petit écran mental ».

Images mentales

L'enfant ferme les yeux et se laisse guider par la voix de l'animateur qui lui demande de voir « dans sa tête » un bateau sur la mer, le soleil qui se lève sur la montagne, une fleur qui s'ouvre, la brise légère dans les arbres, l'oiseau qui vole, le chat qui joue, etc.

La voix de l'adulte est lente et douce, afin que les images mentales soient les plus belles et les plus agréables possibles ; une musique d'accompagnement est souhaitable (voir Musicographie).

La relaxation

La relaxation a pour but de procurer aux enfants un sentiment de bien-être et de remettre en place les énergies en dénouant les résistances. Un support musical peut s'avérer nécessaire. La voix de l'adulte doit être empreinte de calme.

La relaxation a lieu en début de séance, afin d'éliminer l'excitation ou la nervosité des enfants et de leur donner les conditions de sérénité nécessaires à l'acte d'écriture.

Les jeux de relaxation se font généralement allongé, au début, mais si les locaux ne s'y prêtent pas, on peut les faire exécuter assis ou debout, en étant très vigilant à la position des enfants.

La poupée de chiffon

Inviter l'enfant à s'allonger ou à s'asseoir très confortablement, les jambes légèrement écartées, les mains posées sur les cuisses pour la position assise ou le long du corps pour la position allongée. Le faire respirer calmement, en essayant de bien « humer » l'air qui entre par le nez et qui ressort par la bouche. Il se sent devenir une poupée toute molle, en commençant par les muscles de la face, du cou, pour aller jusqu'aux pieds. L'adulte énumère toutes les parties du corps, qui deviennent peu à peu comme du chiffon : « Maintenant, votre corps est léger, très léger ».

Après un court temps dans cet état, aider les enfants à « revenir », en faisant le chemin inverse. Des pieds jusqu'à la tête, leur demander de sentir leurs muscles redevenir fermes à nouveau.

Tout dur, tout mou

Inviter les enfants à s'allonger ou à s'asseoir très confortablement, à fermer les yeux, puis à durcir les muscles du visage et à les relâcher, à serrer les dents puis à les relâcher, à contracter le cou puis à le relâcher. Leur demander de faire de même pour les épaules, les bras, les mains, le ventre, les fesses, les cuisses, les mollets, les pieds, etc. Chaque partie du corps étant bien détendue, les enfants sont envahis par une sensation de bien-être. Ils restent ainsi quelques instants puis, à leur rythme, ouvrent les yeux, commencent à bouger la tête, les membres, s'étirent puis, très lentement, se relèvent en position debout. Ils baillent et, avec leurs poings, tapotent chaque partie de leur corps, comme pour se raffermir et se réveiller. Guider chaque étape de cette relaxation d'une voix calme.

Une musique douce et relaxante est ici conseillée (voir musicographie).

En guise de conclusion à cette partie de **présentation**, voici le texte d'un enfant qui a suivi un atelier que j'animais pendant le temps scolaire, à raison d'une séance tous les quinze jours.

La consigne de cet atelier du mois de juin était de faire le **bilan de l'atelier d'écriture**, sous la forme écrite de son choix et individuellement.

EXEMPLE D'ENFANT

TEXTE DE RUI-EMMANUEL, CE2

J'adore écrire, j'adore écrire
Et j'adore faire de la poésie
Et j'adore aussi réfléchir
Car je vais écrire.

Mais ce n'est pas tout d'écrire
J'adore aussi, j'adore aussi
Imaginer ce que j'écris
J'adore faire ça car on voit de beaux paysages
Comme une forêt pleine d'animaux sauvages
Ou alors des champs fleuris
Ou alors des jardins plein de pommiers

Mais ce n'est pas tout d'imaginer
Il faut aussi revenir à la réalité
Pour écrire ce que l'on a imaginé
Et pouvoir aussi recommencer.

Jeux sur l'imaginaire et la créativité

Écriture et hasard

Écriture et fiction

Les stimuli de l'écriture

JEUX SUR L'IMAGINAIRE ET LA CRÉATIVITÉ

Dès l'entrée à l'école primaire, l'imagination commence à être moins sollicitée pour de multiples raisons. Cette imagination qui n'est plus encouragée, qui ne peut plus se faire entendre et qui, bien souvent, est bridée ou source de méfiance, finit par s'atrophier. Notre rôle est donc de l'encourager, de la réveiller et de permettre aux enfants de pouvoir l'extérioriser sans culpabilité aucune.
Tous les jeux de ce chapitre ont pour fonction de « débloquer » l'imagination des enfants, leur inconscient (jeux de hasard, par exemple). Ce n'est qu'ensuite que l'on peut faire appel à une intervention consciente de l'enfant.

Devant la page blanche, l'enfant, tout comme l'adulte d'ailleurs, ne sait que faire. Il croit ne pas avoir d'idées, mais surtout il ne sait pas comment les exprimer, les ordonner. Il a donc besoin d'être stimulé par des incitations venant de l'animateur.

Ce premier chapitre propose des situations qui vont provoquer chez lui des images mentales, des sensations ou des émotions. Il s'agit de le mettre en confiance en lui signifiant très clairement qu'il a le droit de tout écrire.

Il est très important de pouvoir commencer ces séries d'ateliers d'écriture par ces jeux de déblocage ; l'enfant écrit presque malgré lui, tout en s'amusant. Son rapport à l'écrit en sera positivé.

JEUX SUR L'IMAGINAIRE ET LA CRÉATIVITÉ

Écriture et hasard

Jeu n° 1 C'est comme
Jeu n° 2 Questions/réponses
Jeu n° 3 Pourquoi... Parce que
Jeu n° 4 Cadavre exquis
Jeu n° 5 S + 7

Écriture et fiction

Jeu n° 6 Si j'étais une carotte
Jeu n° 7 L'île déserte
Jeu n° 8 La journée d'une paire de lunettes
Jeu n° 9 D'où vient le vent ?
Jeu n° 10 Dieu existe-t-il ?
Jeu n° 11 Suppositions
Jeu n° 12 Mon pays extraordinaire
Jeu n° 13 Que serait le monde si...

Les stimuli de l'écriture

Jeu n° 14 Les mots : jeux de rimes
Jeu n° 15 La musique : si c'était...
Jeu n° 16 La musique : blanc comme neige
Jeu n° 17 La peinture : les taches
Jeu n° 18 La peinture : tableau
Jeu n° 19 Les mots : jouons avec les sons
Jeu n° 20 Les mots : jus de pomme
Jeu n° 21 Les mots : le mot-valise
Jeu n° 22 Les mots : la pluie

jeu

1 C'est comme

Objectifs

Écrire à deux, sous forme ludique.
Établir une complicité par l'écriture.
Débloquer l'écriture par le jeu.

Niveau

CE – CM.

Matériel

Feuilles.
Crayons/stylos.

Jeu à deux

• Situation d'écriture

Le groupe d'enfants est réparti en couples. Ceux-ci se forment selon des critères fixés par l'animateur de l'atelier, en fonction des affinités, des places ou des prénoms...

Chaque participant a une feuille devant lui. L'un des enfants du couple écrit cinq débuts de phrase, tandis que l'autre écrit cinq suites de phrase commençant par la locution « c'est comme ». Bien entendu, il est indispensable que l'un et l'autre membre du couple ne connaisse pas le travail de l'autre.

Les phrases sont numérotées de 1 à 5. Dès que le jeu est terminé, les deux parties sont réunies : le début 1 étant suivi du « c'est comme » 1, le début 2 étant suivi du « c'est comme » 2, etc.

EXEMPLES D'ENFANTS

ATELIER D'ÉCRITURE ET ARTS PLASTIQUES
(M.J.C. DE CORBEIL-ESSONNES)

Voler sur un ange,
c'est comme hiberner.
Parler aux murs, **c'est comme du sable mort.**
Faire un voeu, **c'est comme une goutte d'eau salée.**
Vivre seul sur un quai,
c'est comme boire à la source.
Ma vie, **c'est comme une maison à l'envers.**
La guerre a lieu en ce moment, **c'est comme un monstre au visage pâle et aux cheveux noirs.**
Un gros hippopotame, **c'est comme une île qui s'envole.**
Marcher sur la lune,
c'est comme faire parler les animaux.
Saisir un instant de vie,
c'est comme écrire.
Un oiseau mangeant des graines jaunes et noires,
c'est comme un désert très chaud.

• Commentaire

Les enfants peuvent aussi choisir de jouer avec qui ils veulent.

Insister sur le fait qu'ils doivent écrire des phrases courtes.

Le moment de lecture, à la fin du jeu, est toujours apprécié car il réserve bien des surprises.

Il est aussi possible de composer un grand nombre de textes en mélangeant toutes les phrases au hasard ou de faire une recherche plus approfondie quant à la signification de telle ou telle juxtaposition de phrases.

jeu 2 Questions/réponses

Objectifs

Débloquer l'écriture.
Établir une complicité par le biais de l'écriture.
Éveiller l'imagination.

Niveau

CE – CM.

Matériel

Feuilles.
Crayons/stylos.

Jeu à deux

• Situation d'écriture

Le groupe d'enfants est réparti en couples, selon les critères de l'animateur ou par affinité.

Chaque participant a une feuille avec des lignes numérotées de 1 à 10. Le premier enfant écrit dix questions commençant par « Qu'est-ce que » ; le deuxième enfant écrit dix réponses commençant par « C'est ».

Quand les questions et les réponses sont écrites, on juxtapose la question 1 et la réponse 1, la question 2 et la réponse 2, etc.

• Commentaire

Il est important de réunir 1 et 1, puis 2 et 2, car on remarquera qu'un phénomène d'empathie se met en place (qui peut être très intéressant à observer pour connaître les enfants). Il est donc absolument nécessaire que les enfants n'aient pas connaissance de ce qu'écrit leur partenaire.

On peut ensuite demander aux enfants de trouver les questions/réponses les plus drôles, les plus improbables, les plus tristes, les plus poétiques…

jeu 3

Pourquoi ... Parce que

Objectifs

Éveiller l'imagination.
Établir une communication d'un type nouveau entre deux enfants.
Débloquer l'écriture.

Niveau

CE – CM.

Matériel

Feuilles.
Crayons/stylos.

Jeu à deux

• Situation d'écriture

Former des couples. Le premier enfant écrit sur sa feuille dix questions commençant par « Pourquoi » ; le deuxième participant écrit dix réponses commençant par « Parce que ».

Quand les enfants ont fini d'écrire, les propositions sont réunies («Pourquoi » 1 avec « Parce que » 1, etc.) et sont lues.

Questions et réponses ne doivent pas être absurdes en elles-mêmes, c'est la rencontre hasardeuse des deux phrases accolées qui fera du couple « Pourquoi/Parce que » une proposition amusante, merveilleuse, poétique, etc.

EXEMPLES D'ENFANTS

ATELIER D'ÉCRITURE, CE1

Pourquoi les pommes tombent-elles des arbres ?
Parce que l'homme a le nez en trompette.

Pourquoi pleut-il du jus d'orange ?
Parce que les éléphants volent aujourd'hui.

Pourquoi la lumière est-elle allumée ?
Parce que je mange des grenouilles.

Pourquoi voles-tu mon nuage ?
Parce que les arbres sont dénudés.

ATELIER D'ÉCRITURE, CM

Pourquoi parle-t-on javanais ?
Parce que la langue est longue.

Pourquoi les hommes portent-ils des pantalons ?
Parce que les fenêtres jouent à cache-cache.

Pourquoi le tableau est-il bleu ?
Parce que le radiateur est rouge.

Pourquoi les voitures ont-elles des roues à la place des pieds ?
Parce que je voyage toujours en train.

• Commentaire

On peut aussi faire rechercher aux enfants les couples de « Pourquoi... Parce que » les plus amusants, les plus poétiques... Laisser libre cours aux réactions, aux discussions qui surviendront sans aucun doute et mettront en évidence la richesse de certains rapports incongrus au premier abord : certaines associations, dont l'intérêt n'apparaissait pas *a priori*, peuvent être découvertes comme empruntes de beauté, de fantaisie, etc.

jeu

4 Cadavre exquis

Objectifs

Débloquer l'écriture.
Écrire un texte plus long que ceux des jeux nos 2 et 3.

Niveau

CE2 – CM.

Matériel

Feuilles.
Crayons/stylos.

Jeu collectif

• Situation d'écriture

Ce jeu se pratique selon le principe du pliage. Une feuille circule. Le premier enfant écrit un début de phrase (demander que les phrases ne soient pas trop longues), puis replie la feuille, en ayant soin de laisser visibles un ou plusieurs mots. Ainsi, l'enfant suivant poursuit le texte commencé en respectant une certaine cohérence grammaticale.

Le temps du récit et, éventuellement, le thème sont définis en début de séance.

Le jeu se termine quand le dernier enfant a écrit sa phrase. Celui-ci devra donc achever le texte. Une personne désignée par l'animateur lit le texte ainsi écrit collectivement.

• Prolongement

On peut aussi proposer aux enfants de prendre chacun une feuille et de commencer à écrire une phrase. Il y aura donc autant de textes que de participants à ce jeu. Pour cette variante, donner un temps réglementaire d'écriture (environ 20 à 25 minutes). Une fois ce temps écoulé, celui qui a la feuille écrit la phrase de fin. Puis chaque enfant lit, après avoir déplié la feuille, le texte ainsi écrit.

• Commentaire

Ce jeu était pratiqué par les peintres surréalistes, et cette même technique était utilisée au niveau linguistique par des auteurs tels qu'André Breton, Paul Éluard ou encore René Char.

Les possibilités de ce jeu sont infinies. Il convient donc, après un premier essai, de déterminer les règles qui peuvent être fixées pour chaque texte, l'animateur étant en concertation avec les enfants. La pratique d'un ou deux cadavres exquis permet très rapidement de voir ce qu'il convient de faire pour que les textes soient les plus convaincants possibles.

Écriture et hasard

jeu

5

S + 7

Objectifs

Manipuler un texte de façon ludique.
Entraîner à la patience.
S'en remettre au hasard.
Apprendre à manipuler un dictionnaire.

Niveau

CM.

Matériel

Feuilles.
Crayons/stylos.
Dictionnaires, vocabulaires, lexiques.
Extraits d'œuvres, littéraires ou non (coupures de journaux, etc.).

Jeu individuel

• Situation d'écriture

Proposer aux participants plusieurs textes (extraits de récits, de nouvelles, de poèmes, de coupures de journaux ou de discours...). Chacun en choisit un.

Dans un premier temps, tous les substantifs (de genre masculin ou féminin) sont recherchés et soulignés. Le jeu consiste à réécrire le texte en remplaçant ces substantifs par le septième (S + 7) nom commun qui le suit dans le dictionnaire.

Si le substantif du texte est masculin, il convient de le remplacer par le septième nom commun masculin ; il en est de même pour ceux du genre féminin.

• Prolongement

Les variantes de ce jeu sont multiples. On les obtient en changeant la catégorie de mot ou le chiffre proposé :

- demander aux enfants de repérer dans le texte tous les adjectifs et de les remplacer par le troisième (A[1] + 3) dans le dictionnaire ;
- cumuler les deux propositions S + 7 et A + 3 ;
- quelques suggestions : A + 8 et V[2] - 2 ; S + 5 et A - 3 ; S + 2, A + 2 et V + 7...

1 : A = adjectif

2 : V = verbe

• Commentaire

Ce jeu est emprunté à l'Oulipo. Les résultats sont, bien entendu, variables, et si l'on change de dictionnaire, on a, pour un même texte de départ, deux textes d'arrivée bien différents.

Voici, pour exemple, un extrait du texte de Raymond Queneau, « La cimaise et la fraction » (travail à partir de la fable bien connue : *La Cigale et la fourmi*) :

... Elle alla crocher frange
Chez la fraction sa volcanique
La processionnant de lui primer
Quelque gramen pour succomber
Jusqu'à la salanque nucléaire...

« La cimaise et la fraction »,
Oulipo, La Littérature potentielle.

Il faut de la patience aux enfants pour mener à bien cette recherche, mais ils seront encouragés par des résultats parfois très fantasques, qu'ils découvriront lors de la lecture du texte.

jeu

6

Si j'étais une carotte

Objectifs

Faire appel à l'imagination.
Engager l'enfant à s'imaginer.
Éventuellement, travailler la rime.
Respecter une structure donnée.

Niveau

CE2 – CM.

Matériel

Feuilles.
Crayons/stylos.

Jeu individuel

• Situation d'écriture

Le jeu consiste à écrire un poème de quatre vers, selon la structure suivante :

Si j'étais…
Je serais…
Et……………..
………………..

Il s'agit pour l'enfant de déterminer au départ le mot qui donnera le corps du poème. Encourager les enfants à choisir des mots, des situations concernant le domaine de l'impossible, car, là, tout pourra être écrit puisque cela n'existe pas. L'enfant a donc toute latitude pour écrire, pour imaginer ce qu'il veut être et les conséquences de cet état.

EXEMPLES D'ENFANTS

ATELIER D'ÉCRITURE EN MILIEU SCOLAIRE,
CYCLE 3 (VILLE DE BIÈVRES)

Si j'étais une carotte
Je serais dans la terre
Et je crierais au secours
Quand on me mettrait
dans le four

Si j'étais un escargot
Je serais volant
Je monterais dans l'arbre
Et tomberais dans l'eau

Si j'étais la nature
Je serais méchante
avec les ordures
Et il y aurait des mûres
Qui pousseraient dans
l'air pur

Si j'étais un dauphin
Nageant dans la mer
bleue
Je ferais des rêves
sans fin
Dans ce monde
si merveilleux

Prolongement

À partir de la même structure de départ, demander aux enfants de travailler les rimes plates (A-A, B-B).

Enfin, il est possible d'associer à ce travail sur les rimes un travail sur l'approfondissement des idées, et de demander d'écrire un nombre précis de vers.

EXEMPLE D'ENFANT

(CONTRAINTE : ÉCRIRE 10 VERS)

Si j'étais une sirène
Je serais l'amie des baleines
Et je me promènerais dans la
mer
Ramassant des coquillages verts
Explorant les grottes
sous-marines
Et leurs belles algues fines
Je danserais parmi les vagues
En racontant des blagues
À mon ami le dauphin
Et son aileron brun

Commentaire

Les enfants apprécient, bien entendu, de pouvoir « se mettre dans la peau » d'un personnage et imaginer ce qui en découle. Il ne faut donc absolument pas censurer quelque proposition que ce soit. Dans ce jeu, tout peut être dit et toutes les propositions seront retenues.

jeu

7 L'île déserte

Objectifs

Débloquer l'écriture.
Déterminer ce qui est important pour l'« écrivant ».

Niveau

CE – CM.

Matériel

Feuilles.
Crayons/stylos.

Jeu individuel et/ou collectif

Situation d'écriture

La situation d'écriture est simple : demander aux enfants de faire la liste de ce qu'ils emmèneraient si, demain, ils devaient partir sur une île déserte.

EXEMPLES D'ENFANTS

ATELIER D'ÉCRITURE EN MILIEU SCOLAIRE, CYCLE 3 (VILLE DE BIÈVRES)

Si demain je partais
sur une île déserte,
j'emmènerais :
- mon lit
- trois paquets de bonbons
- une rose
- une bougie
- un couteau suisse
- un piano à queue
- un W. C. portable
- un dromadaire
- un jeu de 7 familles
- ma mamie Raymonde
- une crème solaire
- une poubelle
- un nuage
- des pois chiches
- un casse-noisettes
- le nez de mon voisin
- l'aile d'un oiseau

• Commentaire

Il s'agit de bien expliquer aux enfants qu'ils peuvent écrire tout ce qui leur passe par la tête. Les premières banalités écrites, ils doivent persister dans leur recherche et c'est à ce moment-là seulement que les différences entre les listes sont évidentes et que le réel travail d'écriture se met en place. En effet, le début des listes contient souvent tout ce que l'on peut trouver dans une valise de voyage, puis vient ensuite ce qui est important dans la vie de l'enfant, mais que l'on ne peut mettre matériellement dans une valise. Lorsque les « écrivants » auront admis que, cela aussi, ils peuvent l'écrire et que c'est bien cela qui est essentiel, ils connaîtront une certaine jubilation à dresser une liste parfois amusante, parfois nostalgique, voire emplie de tristesse ou de réelle joie.

Quand chacun aura lu sa liste à tout le groupe, on pourra également faire une liste commune des choses les plus amusantes, les plus tristes, etc.

jeu 8

La journée d'une paire de lunettes

Objectifs

Faire preuve d'invention.
Faire parler des objets.
Donner une dimension surprenante à un sujet ordinaire.

Niveau

CM.

Matériel

Feuilles.
Crayons/stylos.

Jeu individuel

• Situation d'écriture

Il s'agit de donner une dimension humaine à des objets. Ces objets sont doués de parole, mais ils peuvent aussi avoir des sentiments, éprouver des émotions, etc.

Proposer aux enfants les trois situations suivantes :

– la journée d'une paire de lunettes ;

– la maladie d'un réfrigérateur ;

– la promenade d'un sac à main.

Chacun choisit, parmi ces trois situations, celle qui lui plaît le plus. Les enfants écrivent ensuite, sous forme de liste, ce qui peut arriver à l'objet choisi. Enfin, en reprenant tout ou partie de ces situations, ils écrivent un texte court.

• Commentaire

La liste permet d'ordonner les idées et de ne pas partir dans tous les sens. Cela donne un cadre aux enfants qui pourraient être gênés d'écrire d'emblée un texte.

Pour donner le ton en début de séance – mais avant de présenter la situation d'écriture au groupe – on peut, par exemple, lire le conte « La Paire de chaussures », extrait de *La Sorcière de la rue Mouffetard et autres contes de la rue de Broca* de Pierre Gripari. Cela permet d'échanger ensuite oralement à partir de ce conte, où une paire de chaussures parle, éprouve des sentiments, pense, etc.

Tout peut arriver dans ces courts récits et c'est là que réside le plaisir pris par les « écrivants ».

Il est évident que l'on peut inventer à l'infini des thèmes mettant en scène des objets. On peut aussi proposer des situations dans lesquelles deux objets se rencontrent : une baignoire rencontre un lampadaire, une maison un bateau, un avion une petite cuillère, etc.

jeu

9 D'où vient le vent ?

Objectifs

Travailler l'imagination et la réflexion.
Avoir confiance en soi.

Niveau

CE – CM.

Matériel

Feuilles.
Crayons/stylos.

Jeu individuel

• Situation d'écriture

Le vent, tous les enfants le connaissent. D'où vient-il ? Qui peut répondre à cette question ?

Le but n'est pas de donner des réponses scientifiques, mais d'inventer des réponses, de supposer que le vent vient de tel ou tel phénomène, existant ou inexistant.

Poser la question aux enfants et leur demander d'écrire une liste de réponses qui soient satisfaisantes pour eux.

Ce jeu ne fait pas l'objet d'un cours de géographie et les réponses les plus farfelues, les plus inattendues sont les bienvenues.

EXEMPLES D'ENFANTS

ATELIER D'ÉCRITURE EN MILIEU SCOLAIRE,
CYCLE 3 (VILLE DE BIÈVRES)

D'où vient le vent ?

Il vient de l'Ouest, car les branches des arbres se balancent d'Est en Ouest comme des danseurs dansant une valse interminable, comme quelqu'un qui saluerait son voisin, comme l'oiseau qui a ouvert le bec du côté de l'église et de ma maison.

Il vient de l'univers, là où poussent les pommes de terre.
Il vient des nuages où il y a du carnage.
Il vient du sol-do-ré-mi-fa-sol !

ATELIER D'ÉCRITURE EN MILIEU SCOLAIRE, CM1 (VILLE DE CORBEIL-ESSONNES).

D'où vient le vent ?

Il vient du ronflement
d'un ours endormi.
Il vient des pleurs et des
cris d'enfants sans
parents.
Il vient des milliers de
fantômes chantant des
mélodies de Noël.
Il vient de tous les
enfants du monde qui
baillent en même temps.
Il vient d'un aspirateur
géant.
Il vient de la rencontre
de deux sentiments : la
haine et l'amitié.

• Prolongement

De la même façon, poser aux enfants la question : « Où va l'orage ? ».

• Commentaire

Ce jeu aborde l'irrationnel, les enfants n'y sont pas habitués. Les mettre en confiance en leur disant que toutes les réponses seront reçues et qu'il n'y en a ni de bonne ni de mauvaise.

jeu 10

Dieu existe-t-il?

Objectifs

Trouver des réponses à des questions philosophiques.
Travailler l'imagination.
Travailler la réflexion.
Travailler la confiance en soi, en ce que l'on pense.

Niveau

CE2 – CM.

Matériel

Feuilles.
Crayons/stylos.

Jeu individuel

• Situation d'écriture

Poser simplement aux enfants la question : « Dieu existe-t-il ? ».

Le but du jeu consiste à donner des justifications à leurs réponses : si oui, pourquoi ? Si non, pourquoi ? Il est évident que les enfants peuvent justifier à la fois le oui et le non.

Demander aux enfants de donner des réponses qui leur sont propres. Préciser qu'ils ne doivent pas donner les réponses que feraient leurs parents à de telles questions, qu'ici, on n'aborde nullement la religion et/ou le catéchisme.

Là encore, l'enfant va devoir structurer son imagination, inventer des réponses qui l'amuseront, qui lui feront peur… Souligner, très concrètement, qu'il n'y a pas de bonne ou de mauvaise réponse.

EXEMPLES D'ENFANTS

ATELIER D'ÉCRITURE EN MILIEU SCOLAIRE,
CYCLE 3 (VILLE DE BIÈVRES)

Dieu existe car j'arrive à battre mon père aux échecs
et mon grand-père au tarot.

Dieu existe pour les fleuristes
Car ils le voient dans leurs fleurs
Et il est plus grand dans leur coeur.

Je ne le pense pas
Mais s'il existait
Il serait un génie
Ne se préoccupant pas
De ce qui se passe en dessous
Sans même regarder par le trou
De la serrure d'or.

Je ne sais pas
Mais pourtant on devrait entendre ses pas.
S'il a existé
On pourrait voir son portrait
En italique
Comme Dominique

Dieu existe ! Le singe Roupipi l'a vu au supermarché !

Dieu existe car il a des planètes plein les poches.

• Commentaire

Aborder un tel sujet avec les enfants peut paraître présomptueux. Et pourtant, les enfants se posent entre eux des questions telles que celles-ci ; il leur arrive de philosopher, de s'interroger sur la vie, sur la mort et, bien souvent, leurs réponses sont pleines de bon sens.

Là encore, dans ce jeu, les enfants vont se livrer ; il est important qu'à la lecture, chacun soit respectueux de l'écrit des autres et qu'aucune réponse ne soit rejetée.

jeu 11 Suppositions

Objectifs

Étudier une structure fixe.
Structurer l'imaginaire.
Apprendre à écrire des vers (nombre de pieds).

Niveau

CM.

Matériel

Feuilles.
Crayons/stylos.

Jeu individuel et/ou collectif

• Situation d'écriture

Dans un premier temps, lire aux enfants les deux textes d'Eugène Guillevic proposés ci-dessous, extraits de « Suppose Que je n'aie rien à faire » in Bergeries, recueilli dans *Autres* (Éditions Gallimard) :

Suppose

Que je n'aie rien à faire
Que d'attendre la nuit

Et que je te demande
De vouloir qu'elle arrive

Avec tout le retard
Que l'on peut mettre à vivre.

Suppose

Que la chatte nous dise
Nos quatre vérités

Et que je te demande
De lui faire sentir

Avec bien des caresses
Que nous savons tout ça.

Rechercher en groupe la structure commune à ces deux textes :

Suppose

Deux vers de 6 syllabes, le premier commençant par « que » ;

Et que je te demande

Trois vers de 6 syllabes, le premier commençant par « de ».

Demander ensuite aux enfants d'écrire des suppositions en suivant cette structure. Tout pouvant être supposé, ils auront donc une grande liberté pour écrire le début du poème.

EXEMPLES D'ENFANTS

ATELIER D'ÉCRITURE EN MILIEU SCOLAIRE,
CYCLE 3 (VILLE DE BIÈVRES)

Suppose que je sois une bougie
qui éclaire le monde
et que je te demande
de m'allumer très vite
pour éclairer la ronde
toute la fin de ma vie

Suppose qu'Élodie soit une vache
qu'elle dorme dans les fleurs
et que je te demande
de mettre des taches noires
de bien t'occuper d'elle
de préparer son lit

Suppose que les poissons s'envolent
et qu'ils ne fassent que ça
et que je te demande
d'arrêter leur envol
que tu n'y arrives point
Tu en attrapes beaucoup ?

Suppose que le vent souffle ici
et qu'il soit tout petit
et que je te demande
de l'arrêter bien vite
et puis dans ton élan
de le laisser partir

EXEMPLE D'ENFANT

TEXTE DE SONIA (CM1)

Suppose que les nuages pleurent
que la nature s'arrête
et que je te demande
d'accrocher doucement
un sourire aux nuages
et d'allonger la vie

• Commentaire

Ce travail est très intéressant pour la structuration de l'imagination. En effet, la supposition du début donne une grande liberté pour choisir le thème et la structure fixe donne un cadre très précis. L'enfant peut se situer dans l'irréel, tout en sachant où il peut aller au niveau de la construction syntaxique du poème.

On peut, bien entendu, donner des thèmes de départ ou proposer aux enfants d'adresser leurs suppositions à un ami.

jeu 12 Mon pays extra-ordinaire

Objectifs

Apprendre à se dévoiler dans l'écriture.
Accepter ses propres aspirations.
Donner une grande liberté d'écriture.

Niveau

CE – CM.

Matériel

Feuilles.
Crayons/stylos.

Jeu individuel et/ou collectif

• Situation d'écriture

Tout d'abord, lire les extraits de textes d'enfants proposés ci-dessous. Cette lecture aidera les enfants à s'imprégner d'une certaine atmosphère. Puis, leur demander d'imaginer un pays idéal, celui auquel ils aspirent, dans lequel ils aimeraient vivre.

Poser la question : « Quel est ton pays idéal ? ».

Au niveau de la structure, la seule contrainte est de faire apparaître « dans mon pays » dans chaque phrase, peu importe la place, début, milieu ou fin.

EXEMPLES D'ENFANTS

ATELIER EN MILIEU SCOLAIRE,
CYCLE 3 (VILLE DE BIÈVRES)
Texte collectif (voir prolongement)

Dans mon pays j'ai toute ma vie, je vois la lune qui brille et les nuages qui pleurent.
Le soleil est d'argent et la lune s'allume dans mon pays, on peut y voler jusqu'aux étoiles.
Personne n'est malade dans mon pays et tout le monde remercie.
Les arbres sont bleus et les feuilles bougent même s'il n'y a pas de vent, dans mon pays.
Dans mon pays il y a des oiseaux qui nous transportent sur leur dos, ils chantent et se posent sur mon épaule.
Dans mon pays Mercure vend le soleil qui brûle la lune et Mars est une barre glacée enrobée de caramel avec de la glace à la vanille.
On doit tout faire pour rien avoir et ne rien faire pour tout avoir dans mon pays.

EXEMPLES D'ENFANTS

ATELIER EN MILIEU SCOLAIRE,
CYCLE 3 (VILLE DE CORBEIL-ESSONNES)

Dans mon pays les gens
vivent très longtemps.
Dans mon pays il y a des
fleurs, beaucoup de fleurs,
ça fait briller mon beau
pays.
Il y a du calme et pas
d'ennui dans mon pays.
Dans mon pays le sable
est chaud et doux.

• Prolongement

Quand chaque participant a écrit son texte, il peut choisir la phrase qu'il aimerait « donner » au groupe, afin d'en faire un poème collectif.

• Commentaire

La répétition de la locution « dans mon pays » donne le rythme au poème et les enfants ne trouveront peut-être ce rythme qu'en lisant leur poème à haute voix. Celui-ci peut donc être légèrement retravaillé après la lecture.

Certains enfants donneront ce qu'il y a de plus profond en eux et ce sera alors difficile pour eux de livrer leur « pays » à voix haute. L'animateur devra donc être vigilant durant le temps de lecture.

jeu 13 Que serait le monde si...

Objectifs

Faire preuve d'imagination et d'invention.
Faire accepter ses visions.

Niveau

CE – CM.

Matériel

Feuilles.
Crayons/stylos.

Jeu individuel

• Situation d'écriture

Proposer aux enfants les quatre situations extraordinaires suivantes :

– Supposez que les chaises n'existent pas.

– Supposez que les chaussures n'aient pas été inventées.

– Supposez que tous les produits alimentaires soient gratuits.

– Supposez que tous les gens deviennent sourds.

Que serait alors le monde ?

Faire dresser une liste, pour chaque situation, de ce que serait le monde. Chacun est libre d'écrire ce qui lui passe par la tête, sa vision du monde dans telle ou telle situation.

• Prolongement

Si les enfants se sont amusés à écrire à propos de ces situations cocasses, ils peuvent alors choisir l'une ou l'autre des propositions et écrire un texte intégrant toutes les visions du monde de leur liste. Toutes ces histoires constitueraient un recueil de science-fiction.

• Commentaire

Les situations proposées ne le sont qu'à titre indicatif, il est possible d'en inventer d'autres : en travaillant sur les suppressions, les modifications ou des scénarios futuristes.

Toute la littérature de science-fiction aborde des thèmes plus ou moins fantaisistes, sources d'idées pour l'atelier d'écriture. Néanmoins, il est judicieux de dire ou de rappeler aux enfants que dans les romans de science-fiction, l'imaginaire est étroitement lié au rationnel ; cet état d'esprit permet alors la construction du texte proposé dans le prolongement.

jeu 14

Jeux de rimes

Objectifs

Travailler les sons.
Aborder le travail de la rime.

Niveau

CE – CM.

Matériel

Feuilles.
Crayons/stylos.

Jeu individuel et/ou collectif

Situation d'écriture

Voici le premier jeu de mots que l'on peut pratiquer avec les enfants dans un atelier d'écriture. Il est très simple : il s'agit de trouver un mot qui rime avec son prénom. Expliquer la signification du mot « rime » : « disposition de sons identiques à la finale de mots placés à la fin de deux unités rythmiques » (définition du *Petit Robert*). Ce premier temps de travail se fait oralement.

Puis, donner aux enfants environ une dizaine de prénoms (ceux du groupe, mais aussi des prénoms étrangers au groupe) et leur demander de trouver au moins deux mots rimant avec chaque prénom.

EXEMPLES D'ENFANTS

Martine : tartine, farine.
Patrick : rubrique, plastique.
Muriel : prunelle, mirabelle.

Commentaire

Il est très important de passer par la phase orale : elle permet de rappeler ce qu'est un son, de travailler l'écoute et de mettre les enfants en confiance totale face à l'acte d'écrire qui va suivre.

jeu 15 Si c'était...

Objectifs

Apprendre la spontanéité.
Rechercher l'esthétique.
Travailler l'imagination.
Apprendre à écouter.
Apprendre à se servir d'un inducteur.

Niveau

CE2 – CM.

Matériel

Magnétophone.
Cassette ou CD (un morceau choisi).
Feuilles.
Crayons/stylos.

Jeu individuel

• Situation d'écriture

Au début de cet atelier, mettre les participants dans un état de réceptivité maximale (voir Jeux de recentration, pages 17 à 21).

Lorsque les enfants sont détendus et attentifs, leur faire écouter une première fois le morceau de musique choisi préalablement. Expliquer ensuite que, durant la deuxième écoute musicale, ils devront compléter les suppositions suivantes :

– Cette musique, si c'était une fleur, ce serait…

– Cette musique, si c'était un sentiment, ce serait…

– Cette musique, si c'était un personnage, ce serait…

– Cette musique, si c'était un mouvement, ce serait…

– Cette musique, si c'était un objet, ce serait…

– Cette musique, si c'était une couleur, ce serait…

Remettre la musique et, durant cette deuxième écoute, les enfants noteront les mots que la musique leur inspire. Enfin, leur laisser le temps de mettre en forme leur texte ; toute proposition de mise en forme sera acceptée :

– celle de l'exemple donné ci-dessous ;

– ou bien : « cette musique, si c'était une fleur,
ce serait la tulipe jaune de l'éternité… » ;

– ou bien : Tulipe jaune de l'éternité
Amour et joie de vivre
Amour brisé s'envolant dans l'air froid
Tel est le Boléro de Ravel

EXEMPLES D'ENFANTS

TEXTE D'ANTOINE (CM2)
(Travaillé à partir du *Boléro* de Ravel)

La musique
tulipe jaune de
l'éternité

La musique
amour et joie de vivre

La musique
amour brisé
s'envolant dans l'air
froid

La musique
tourbillon incessant
de la danseuse

La musique
battement du cœur
de la terre

La musique
fantôme de la Dame
bleue

• Commentaire

Choisir une musique assez imagée et sans texte ; voici quelques suggestions :

- *Boléro* de Maurice Ravel ;
- *Adagio pour archets et cordes* de Tomaso Albinoni ;
- *Adagio pour cordes* de Gustav Mahler ;
- *Tous les matins du monde* de Jordi Savall.

La liste des suppositions proposées n'est pas exhaustive et il est préférable de les adapter à la musique choisie.

Dans ce jeu, les enfants auront tendance à vouloir réfléchir pour trouver le mot juste, or, celui-ci n'existe pas, chacun recevant la musique à sa façon. Il faut bien leur expliquer qu'ils ne doivent pas se censurer et que toutes leurs idées seront acceptées.

Enfin, l'exemple d'Antoine, proposé ci-dessus, résulte d'un travail en ateliers d'écriture que cet enfant a suivi pendant trois ans. On n'obtient pas de tel texte en début d'atelier (ou très rarement) mais cet exemple signifie que l'écriture pratiquée régulièrement donne des résultats où vocabulaire, rythme, imagination sont élaborés et recherchés.

jeu 16 Blanc comme neige

Objectifs

S'entraîner à la disponibilité.
Accepter ce qui vient à l'esprit sans réflexion ni autocritique.
Développer sa réceptivité.

Niveau

CE – CM.

Matériel

Magnétophone.
Cassette ou CD (un morceau choisi).
Feuilles.
Crayons/stylos.

Jeu individuel

• Situation d'écriture

Faire disposer feuilles et crayons devant chaque enfant, puis proposer un des jeux permettant une réceptivité maximale (voir Jeux de recentration, pages 17 à 21).

Quand les participants semblent prêts, leur demander d'écouter la musique et leur donner comme mot-thème : BLANC.

Tandis qu'ils écoutent la musique – le morceau peut tourner en boucle – ils écrivent tous les mots qui leur viennent à l'esprit. Le temps musique/mots est limité : environ 10 minutes.

Puis, les enfants écrivent un texte, sous la forme qu'ils veulent (vers, prose...), contenant tous les mots qu'ils auront écrits durant l'écoute de la musique.

• Commentaire

Le mot-thème et la musique sont deux inducteurs, chaque participant pouvant inconsciemment privilégier l'un ou l'autre.

jeu 17 Les taches

Objectifs

Travailler l'imagination.
Créer une mise en page originale.
Laisser parler sa fantaisie.

Niveau

CE – CM.

Matériel

Tubes de peinture.
Eau.
Chiffons.
Feuilles.
Crayons/stylos.

Jeu individuel

• Situation d'écriture

Les enfants étalent de la peinture sur une feuille (à dessin ou non), puis plient cette feuille en deux : un dessin aux formes étranges apparaît. Demander à chacun de bien regarder ce dessin et de penser à ce qu'il leur inspire, aussi bien dans sa forme globale que dans ses détails. Ils peuvent associer tout ou partie du dessin à des sentiments, des souvenirs, comme à des choses plus concrètes. Entière liberté leur est laissée.

Puis, leur demander d'écrire les idées ou les mots auxquels ils ont pensé, dans et autour de la tache. L'enfant peut utiliser comme il l'entend les blancs de la feuille ainsi que les moindres petites taches de peinture.

• Commentaire

Dans un tel jeu, l'enfant peut extérioriser ses désirs, voire ses fantasmes, qu'il refoule ou pourrait refouler dans une écriture plus linéaire. Au plaisir sensuel de faire des taches, d'avoir tout simplement le droit d'en faire, s'ajoute la liberté d'imaginer, de pouvoir voir et écrire ce que l'on veut.

jeu 18 Tableau

Objectifs

Travailler son sens de l'observation.
Travailler l'imagination.
Apprendre à regarder.
Observer et accepter ses propres réactions.

Niveau

CE2 – CM.

Matériel

Reproductions de tableaux de peintres.
Œuvres réalisées par les enfants (prolongement).
Feuilles.
Crayons/stylos.

Jeu individuel

• Situation d'écriture

Réaliser un petit jeu de recentration (voir pages 17 à 21). Donner ensuite aux enfants la reproduction d'un tableau. Le choix des œuvres est totalement libre : elles peuvent être concrètes, comme les paysages de Van Gogh, ou abstraites, comme certains tableaux de Vasarelli. Puis, leur demander d'écrire (et non de décrire) ce que leur inspire ce tableau. Toutes leurs propositions seront reçues.

Pour s'aider, ils peuvent regarder pendant deux ou trois minutes le tableau, puis fermer les yeux et laisser aller leur imagination et s'installer les images mentales. Ce sont sur ces images, qui se seront présentées à leur esprit, qu'ils devront s'appuyer pour écrire un petit texte (pas plus de 10 lignes).

• Prolongement

Ce jeu peut être réalisé à partir des œuvres des enfants, exécutées au cours de l'atelier « arts plastiques ». Les tableaux seront alors choisis par les enfants eux-mêmes ; il faut cependant éviter qu'ils ne choisissent le leur, car le jeu en serait faussé.

• Commentaire

Il y a deux alternatives possibles :

- tous les enfants travaillent à partir du même tableau : il y aura donc plusieurs visions d'une même œuvre ;
- les enfants choisissent, à partir de cinq ou six œuvres, celle sur laquelle ils s'appuieront pour écrire leur texte.

jeu 19 Jouons avec les sons

Objectifs

Travailler les sons.
Travailler la rime.
Organiser une histoire à partir de mots donnés.

Niveau

CE – CM.

Matériel

Feuilles.
Crayons/stylos.

Jeu individuel et/ou collectif

• Situation d'écriture

Ce jeu reprend le jeu 14 « jeu de rimes ». Dans un premier temps, demander aux enfants d'écrire le plus de mots possibles rimant avec un prénom donné (par exemple, Élise).

Puis, une fois ce travail terminé (environ 15 minutes), les enfants écrivent un texte contenant tous les mots qu'ils viennent de trouver. Évidemment, le texte doit avoir un sens, mais il faut mettre en évidence l'aspect drôle, fantasque.

EXEMPLE D'ENFANTS

Avec le prénom Élise : cerise, crise, bêtise, soumise, marquise.

Élise, la marquise, en pleine crise, mange des cerises en faisant des bêtises.

• Commentaire

Proposer aux enfants plusieurs prénoms avec lesquels ils ne manqueront pas de s'amuser.

Il faut prendre le temps, en fin de séance, de lire tous les textes à haute voix. Les enfants attendent de savoir ce que les autres ont écrit, surtout si leur prénom a servi pour le jeu.

jeu

20 Jus de pomme

Objectifs

Travailler la sonorité des mots.
Débloquer l'écriture.
Travailler l'imagination.

Niveau

CE – CM.

Matériel

Feuilles.
Crayons/stylos.

Jeu individuel et/ou collectif

Situation d'écriture

Ce jeu est très simple, tout le monde y a joué étant enfant : il s'agit de donner un mot, composé ou non, et d'écrire le suivant en le faisant commencer par la dernière syllabe ou le dernier terme du mot précédent.

EXEMPLES D'ENFANTS

ATELIER D'ÉCRITURE HORS TEMPS SCOLAIRE (VILLE DE CORBEIL-ESSONNES)

Jus de pomme, pomme de terre, terre de feu, feu de paille, paillasson, son de cloche, cloche de Pâques, paquet de pâtes, pâte à tarte, tarte aux fraises, fraises des bois, boîte aux lettres, lettre d'amour, amour de chien, chien domestique, tic-tac, ta Katie t'a quitté, thé de Chine, chinois, oiseau, zozo !

Tiroir-caisse, caisse à bouteilles, bouteille de vin, vin de Bordeaux, dos d'âne, Anne d'Angleterre, terre cuite, cuite à point, point d'exclamation, scions du bois, boîte à sucre, sucre d'orge, hors-jeu, jeu de mains, main de fer, fer à cheval, cheval de trot, trottinette, n'êtes-vous pas fatigués de notre histoire de tiroir ?

• Commentaire

Ce jeu est le type même de ceux que l'on peut proposer en début d'atelier. Il n'est pas d'une grande difficulté.

Le faire pratiquer oralement et collectivement dans un premier temps, afin de rassurer pleinement les enfants. Ils prennent ainsi conscience que ce jeu réside dans l'écriture de deux sons identiques : entendre à haute voix les sons ne pourra que les aider.

jeu

21 Le mot-valise

Objectifs

Jouer avec les mots.
Travailler le vocabulaire.
Inventer de nouveaux mots.
Donner des définitions à ces mots nouveaux.
Travailler l'imagination.

Niveau

CE2 – CM.

Matériel

Feuilles.
Crayons/stylos.
Dictionnaire.

Jeu individuel

Situation d'écriture

Comme son nom l'indique, le mot-valise est un mot qui en contient d'autres. Il se fabrique en utilisant une partie commune aux deux mots en guise de liaison, ou bien en rapprochant deux mots phonétiquement proches.

Expliquer le jeu très clairement aux enfants, en l'illustrant d'un ou plusieurs exemples. Puis, leur proposer de fabriquer environ cinq mots-valise.

EXEMPLES D'ENFANTS

Le chapeau de papa	Le chapapa
Médicament et camembert	Médicamembert
Aujourd'hui et demain	Aujourmain
Clafoutis et titre	Clafoutitre
Façade et adjectif	Façadjectif

Prolongement

On peut demander aux enfants de trouver des définitions amusantes à ces mots nouveaux ; puis, à partir de celles-ci, d'inventer une histoire, farfelue sans aucun doute, dans laquelle les mots-valise auront leur place.

Commentaire

Ce jeu, inventé par Lewis Carroll, était pratiqué par bien des écrivains.

Il n'est pas aussi aisé qu'il y paraît et l'usage du dictionnaire aidera les enfants.

jeu 22 La pluie

Objectifs

Travailler l'imagination.
Établir de nouveaux rapports entre les choses, les personnes.
Savoir répondre à l'inconnu.
Travailler la vision que l'on a de soi (prolongement).

Niveau

CE – CM.

Matériel

Feuilles.
Crayons/stylos.

Jeu individuel et/ou collectif

Situation d'écriture

Choisir un mot (par exemple, pluie) et demander aux enfants de faire le rapprochement entre ce mot et un animal, une fleur, une couleur, un bruit, un personnage, etc., comme s'ils répondaient à la question « Si la pluie était un animal, qu'est ce que ce serait ?... ».

EXEMPLES D'ENFANTS

ATELIER D'ÉCRITURE EN MILIEU SCOLAIRE
(VILLE DE BIÈVRES)

La pluie

Comme le zèbre rayé
Comme le paon aux
plumes arrondies
Comme le lion puissant
Comme la panthère
bondissante
Tombe la pluie !

Comme le mimosa
Comme la rose ouverte
Comme les pétales de la
pâquerette
Comme la désagréable
ortie
Tombe la pluie !

Comme le bleu de la mer
Comme le gris des nuages
Comme le blanc des
flocons
Comme le jaune
des éclairs
Tombe la pluie !

Comme le tambour
Comme le rire
Comme le tic-tac
de l'horloge
Comme les notes
du piano
Tombe la pluie !

Prolongement

Le mot inducteur n'est plus un mot donné, mais l'enfant lui-même : « Si j'étais un animal, je serais... ». L'enfant va donc dresser son portrait, se dire tel qu'il se voit.

EXEMPLES D'ENFANTS

ATELIER EN MILIEU SCOLAIRE
(VILLE DE BIÈVRES)

Si j'étais un animal
Je serais Le cheval à crinière de feu
La poule aux yeux d'or
L'écureuil rapide
Le chat aux yeux dorés

Si j'étais la musique
Je serais La flûte enchantée
Le saxophone brillant
La trompette d'or
Les cymbales cuivrées

Si j'étais le bruit
Je serais Le feu qui crépite
Le sable sous les pas
La joie de vivre
Le cri des oiseaux

• Commentaire

Ce jeu prend une valeur toute nouvelle à partir du moment où le mot choisi est un mot abstrait (silence, mémoire, orgueil) ou un mot qui a, ou pourrait avoir, des résonances affectives (maman, enfance, berceau).

Il pousse l'enfant à répondre vraiment en son nom, il fait donc appel à sa sincérité, à sa sensibilité, à sa mémoire (que ce soit dans le jeu ou son prolongement).

Les deux exemples présentés sont constitués de textes écrits par l'ensemble des enfants.

Jeux à partir d'un texte

Le texte de départ est transformé

Le texte de départ permet d'écrire un autre texte

JEUX À PARTIR D'UN TEXTE

Les jeux à partir d'un texte permettent une approche précise de la langue. Ils amènent l'enfant à s'imprégner de la langue de l'écrit en l'utilisant, il apprend ainsi à s'en servir.

Partir d'un texte existant pour écrire soi-même est un jeu très ludique. Le texte de départ est comme « offert » à l'écrivant, il pourra à loisir projeter ses rêves, ses idées, son imaginaire à travers ce texte.

Ce matériau de départ est constitué de mots qui ne lui sont pas familiers : ainsi, l'enfant pourra élargir son champ lexical et imaginaire. L'enfant et/ou l'« écrivant » profite de l'acte créateur qui lui est offert pour créer autre chose.

Ces jeux à partir de textes d'auteurs vont ouvrir l'« appétit » culturel, de connaissances de ces enfants qui, en fin d'école primaire, ont peu lu et lisent peu.

Les textes et les auteurs proposés doivent être de tout genre, et pas seulement ceux de la littérature jeunesse. Poèmes, romans, mais aussi nouvelles, essais et récits, autant de genres dans lesquels on peut allègrement piocher afin de faire connaître ce patrimoine de notre littérature, patrimoine riche, intéressant et si formateur*.

Qu'il s'agisse de copie, de plagiat, point n'est la question (nous l'avons déjà abordée), et nous devons accepter le postulat « que l'on ne crée rien », comme source de création et de découverte.

* Un large choix de textes est proposé dans *100 poèmes à lire et à dire*, Dominique Mégrier, Éditions Retz, Paris, 1999.

JEUX À PARTIR D'UN TEXTE

Le texte de départ est transformé

Jeu n° 23 L'augmentation
Jeu n° 24 Grignotage
Jeu n° 25 Double grignotage
Jeu n° 26 Je suis contrariant
Jeu n° 27 L'essence

Le texte de départ permet d'écrire un autre texte

Jeu n° 28 Merci monsieur Guillevic
Jeu n° 29 À la manière de Georges Perec
Jeu n° 30 Arbre ou feuille ?
Jeu n° 31 Arbre ou armoire ?
Jeu n° 32 Mots inventés
Jeu n° 33 Fable à lettres comptées
Jeu n° 34 Poésie d'amour
Jeu n° 35 Poème à thème
Jeu n° 36 Fable à ma façon
Jeu n° 37 Poème suite
Jeu n° 38 Jeu de titres
Jeu n° 39 Jeu de textes
Jeu n° 40 Jeu de collages
Jeu n° 41 Poème cadre
Jeu n° 42 Bientôt je n'aurai plus de roue

jeu 23 L'augmentation

Objectifs

Apprendre à étoffer un texte.
Libérer l'écriture.

Niveau

CE2 – CM.

Matériel

Feuilles.
Crayons/stylos.
Court extrait de texte.

Jeu individuel et/ou collectif

• Situation d'écriture

Le jeu consiste, avec un court extrait de texte ou de poème, à ajouter çà et là, entre les mots, des mots ou des passages nouveaux.

Chaque enfant intervient où bon lui semble. Il insert des mots, tout en veillant bien à garder la logique du texte.

EXEMPLES D'ENFANTS

TEXTE DE MILÀN (10 ANS)

D'après « L'Oiseau bleu » de Blaise Cendrars,
in *Feuilles de route*, Éditions Denoël, 1947
(in *Du monde entier au coeur du monde*)
Le texte ajouté est en gras

Mon **cher petit** oiseau
bleu a le ventre **tout doux**
et tout bleu.
Sa tête est d'un vert
mordoré, **craquante tout**
plein.
Il a une **toute petite** tache
noire sous sa gorge
magnifique de volatile.

Ses ailes **toutes petites**
sont bleues avec des
touffes de **minuscules**
petites plumes **fines et**
légères, jaune doré **comme**
le soleil levant.

• Prolongement

Il est également possible de jouer en groupe. Chaque membre du groupe reçoit une phrase du texte (celui qui sera choisi sera alors plus long que s'il était traité individuellement). À la fin du travail, chaque enfant lit à son tour le texte qu'il a augmenté, en suivant l'ordre du texte de départ ; un nouveau texte voit ainsi le jour.

• Commentaire

Ce jeu est bien le contraire du résumé : il ne s'agit plus de réduire un texte – ce qui est peut-être frustrant – mais, au contraire, de l'augmenter, et là, il y a notion de libération. L'enfant peut, à sa guise, se défouler en ajoutant des mots et trouver un aspect très jubilatoire à ce jeu.

jeu 24 Grignotage

Objectifs

Connaître un auteur.
Travailler le style d'un auteur.
Jouer avec des phrases.

Niveau

CM.

Matériel

Feuilles.
Crayons/stylos.
Une moitié de texte.

Jeu individuel

• Situation d'écriture

Proposer aux enfants une moitié de texte (extrait de roman, de nouvelle, de récit, de poème) comme s'il avait été grignoté par des souris dans le sens vertical. Donner la partie gauche du texte et demander aux enfants de réécrire la partie droite. Bien évidemment, ils ne connaissent pas cette partie.

Quand les enfants ont fini, chacun lit le nouveau texte ainsi composé.

EXEMPLES D'ENFANTS

TEXTE D'ANNA (CE1)

La partie gauche est extraite d'un poème
de Pernette Chaponnière « La neige » (*L'Écharpe d'iris*, Éditions Hachette)
Le texte ajouté est en gras

Regardez la n **uit qui se cache**
Derrière le carre **four**
Qui là-haut **pleine de cadeaux**
À déchirer le c **iel de papier doré**
En petits morc **eaux**

Texte de Pernette Chaponnière :

Regardez la neige qui danse
Derrière le carreau fermé.
Qui là-haut peut bien s'amuser
À déchirer le ciel immense
En petits morceaux de papiers?

EXEMPLES D'ENFANTS

TEXTE DE MILÀN (10 ANS)

La partie gauche est extraite
de *Lambeaux* de Charles Juliet

La peur. La peur a r	**essuscité le monstre Belzébuth.**
La peur de l'obscurité	**escortant la terreur de la vie.**
La peur de disparaître	**en se nourrissant de bons moments, les transformant en cauchemars intenables,**
quand tu mènes tes va	**ches dans un pré fleuri emportant avec toi les souvenirs**
du village, longeant	**les bords d'un lac enchanté**
dans la campagne dé	**mesurément belle. Mais en fait**
tu ne cesses d'être aux	**abords d'un enfer infini, de te**
retourner, de scruter	**tous ces cadavres morts de mélancolie,**
de surveiller ce qui t'est	**imposé par ta part de malédiction**
en promenant un	**regard terrorisé et effrayé**
sur les lointains.	

Texte de Charles Juliet :

La peur. La peur a ravagé ton enfance.
La peur de l'obscurité. La peur des adultes.
La peur de disparaître. Le matin à l'aube
quand tu mènes tes vaches paître, et que loin
du village, longeant des bois, tu t'enfonces
dans la campagne déserte et silencieuse,
tu ne cesses d'être aux aguets, de te
retourner, de scruter le moindre buisson,
de surveiller ce qui t'est proche tout
en promenant un regard circulaire
sur les lointains.

• Commentaire

Il est important, pour que le jeu prenne toute sa dimension, que les parties à réécrire ne soient pas connues.

Ensuite, une fois les textes réécrits et lus, on peut parler de l'auteur, de son œuvre et en particulier de celle dont est extrait le texte choisi.

Il est essentiel, dans un atelier d'écriture, que ces discussions à propos d'auteurs et cette dimension littéraire apparaissent de temps à autre. C'est ainsi que les enfants pourront entrer dans la littérature, dans la culture et, se faisant, développer leur sens critique.

Charles Juliet n'est pas, *a priori*, un auteur pour enfant, mais il est évident que proposer quelques phrases, afin que les élèves de CM puissent simplement avoir conscience de son existence, connaître le nom de telle ou telle de ses œuvres, leur donnera la possibilité de lire cet auteur, quand ils en ressentiront l'envie et le besoin, peut-être ne serait-ce qu'au lycée, mais qu'importe...

jeu 25 Double grignotage

Objectifs

Connaître un auteur.
Travailler le style d'un auteur.
Jouer avec des phrases.
Être complice dans l'écriture.

Niveau

CM.

Matériel

Feuilles.
Crayons/stylos.
Les deux parties d'un texte coupé en deux dans le sens vertical.

Jeu à deux

• Situation d'écriture

La situation de départ est celle du jeu précédent : un texte d'auteur a été grignoté dans le sens vertical par une petite souris.

Les enfants sont en couples, mais ne sont pas forcément assis l'un à côté de l'autre. Dans chaque couple, le premier reçoit la partie de gauche et écrit la partie de droite, tandis que le second reçoit la partie de droite et écrit la partie de gauche.

Une fois le temps d'écriture écoulé, l'un des enfants lit le texte composé des nouvelles parties rédigées.

• Commentaire

Il est préférable que le texte ne soit pas trop long : cinq ou six moitiés de lignes sont suffisantes.

Les résultats peuvent être très inattendus. Quelques-uns seront absurdes, d'autres très compréhensibles, d'autres encore pourront contenir des erreurs de syntaxe. À ce propos, il faut insister sur le fait que les majuscules, les points, les virgules – qui donnent les repères d'écriture nécessaires à la bonne correspondance des deux nouvelles parties – soient respectés.

Si les enfants le souhaitent, ils peuvent retravailler le nouveau texte, en changeant quelques mots, afin que ce texte final soit clair et compréhensible par tout lecteur.

jeu 26 Je suis contrariant

Objectifs

Travailler le vocabulaire.
Jouer avec le sens d'un texte.
Trouver le contraire d'un mot.

Niveau

CE – CM.

Matériel

Feuilles.
Crayons/stylos.
Texte ou extrait de texte.

Jeu individuel

Situation d'écriture

Il s'agit de modifier le texte proposé en remplaçant certains mots par leur contraire.

Pour les enfants de CE, il paraît souhaitable d'encadrer au préalable les mots à transformer.

EXEMPLES D'ENFANTS

TEXTE DE DÉPART	TEXTE DE VIOLAINE (8 ANS, CE1)
Araignée du matin : chagrin	Araignée du **soir** : **bonheur**
pensait un bébé coccinelle	pensait **une maman** coccinelle
cherchant à libérer ses ailes	cherchant à **emprisonner** ses ailes
Araignée du midi : souci	Araignée **de minuit** : **pas de souci**
grognait un rat	**chantait** un rat
dans son chagrin	dans son **bonheur**
de voir un chat	**d'oublier le** chat
près de sa belle	près de sa belle

Prolongement

Au CM, il n'est pas nécessaire d'encadrer les mots. Il s'agira alors de modifier le texte en remplaçant le plus souvent possible les mots par leur contraire.

Le travail se fera mot à mot, le texte final devant garder une certaine logique.

Commentaire

Ce jeu n'est pas simple, car il met en place une recherche de négation parfois frustrante. Il s'agit donc d'amener les enfants à s'amuser en disant le contraire d'un auteur. C'est, à l'évidence, ce qui est le plus formateur dans ce jeu.

La recherche des contraires est parfois très subjective. En effet, certains mots ont des contraires qui s'imposent d'eux-mêmes, mais, pour d'autres, c'est à la « pensée propre » que l'on fait appel et c'est à ce moment précis qu'intervient la créativité et qu'elle se met en place. Quel est le contraire de rouge ? Pour certains, ce sera le noir (*Le Rouge et le Noir*...), pour d'autres, le rose. Il faut donc être à l'écoute du texte, au moment de sa lecture en fin d'atelier, et rester très attentif à la « pensée propre » de l'enfant.

jeu 27 L'essence

Objectifs

Amputer un texte de certains mots.
Jouer avec le texte.
Entraîner à la lecture rapide.

Niveau

CE – CM.

Matériel

Feuilles.
Crayons/stylos.
Texte, littéraire ou non.

Jeu individuel et/ou collectif

• Situation d'écriture

Distribuer aux enfants un texte, littéraire ou non (coupure de journal, etc.). Le jeu consiste à amputer le texte de certains mots pour n'en garder que « l'essence ».

Il existe différentes façons de travailler cette amputation :

- soit en éliminant ce que l'on veut selon son plaisir ;
- soit en suivant certaines règles : éliminer tous les adjectifs ou tous les adverbes, éliminer le plus de mots à l'intérieur de chaque phrase…

Le texte doit cependant conserver un sens. Suivre une règle est plus facile pour une première approche de ce jeu.

• Commentaire

Ce jeu, encore appelé « caviardage », doit être ludique. Il s'agit de jouer avec le texte sans être respectueux à son égard. L'élaboration d'un livre passe souvent par cette étape.

Ce travail de l'« essence » correspond aussi à certains phénomènes de lecture. En effet, la lecture rapide d'un texte ne permet pas de lire tous les mots. Certains morceaux accrochent le regard tandis que d'autres sont oubliés, comme raturés.

EXEMPLE D'ENFANTS

D'APRÈS « AUBE » D'ARTHUR RIMBAUD

Texte d'Arthur Rimbaud :

J'ai embrassé l'aube d'été.
Rien ne bougeait encore au front
des palais. L'eau était morte.
Les camps d'ombre ne quittaient
pas la route du bois.
J'ai marché, réveillant les haleines
vives et tièdes,
et les pierreries regardèrent, et les
ailes se levèrent sans bruit.
La première entreprise fut, dans le
sentier déjà empli de frais
et blêmes éclats, une fleur qui me
dit son nom.
Je ris au wasserfall blond qui
s'échevela à travers les sapins :
à la cime argentée je reconnus la
déesse.
Alors je levai un à un les voiles.
Dans l'allée en agitant les bras.
Par la plaine, où je l'ai dénoncée
au coq. À la grand'ville
elle fuyait parmi les clochers et les
dômes, et courant comme
un mendiant sur les quais de
marbre, je la chassais.
En haut de la route, près d'un bois
de lauriers, je l'ai entourée
avec ses voiles amassés, et j'ai
senti son immense corps.
L'aube et l'enfant tombèrent au
bout du bois.
Au réveil il était midi.

In *Illuminations*.

L'Essence du texte :

L'aube d'été
Rien encore au front. L'eau.
Les camps d'ombre, la route
du bois.
J'ai marché, les haleines
vives et les pierreries
regardèrent et les ailes
se levèrent.
Dans le sentier déjà empli
d'éclats, une fleur me dit
son nom.
Je ris : argentée,
je reconnus la déesse.
Je levais les voiles.
Dans l'allée.
Par la plaine.
À la grand'ville
parmi les clochers et
les dômes, sur les quais
de marbre.
Je la chassais en haut
près d'un bois, entourée avec
ses voiles amassés, j'ai senti
son corps au bas du bois.

jeu 28 Merci monsieur Guillevic

Objectifs

Connaître un auteur.
Étudier son style.
Apprendre à travailler l'imaginaire.

Niveau

CE2 – CM.

Matériel

Feuilles.
Crayons/stylos.
« Recette », le poème d'Eugène Guillevic.

Jeu individuel et/ou collectif

• Situation d'écriture

Lire aux enfants le poème d'Eugène Guillevic : « Recette ».

Prenez un toit de vieilles tuiles
Un peu après midi.

Placez tout à côté
Un tilleul déjà grand
Remué par le vent,

Mettez au-dessus d'eux
Un ciel de bleu, lavé
Par des nuages blancs.

Laissez-les faire.
Regardez-les.

In *Avec*, Éditions Gallimard, 1989.

Puis, proposer aux enfants d'écrire une recette selon la structure du poème de Guillevic :

Prenez .... **(nom d'animal)**

Placez-le .... **(nom de lieu)**

Mettez .... **(nom d'objet) avec** .... **(nom de fleur)**

Laissez-les ....

.... **-les.**

• Prolongement

On peut demander ensuite aux enfants d'écrire une recette selon la structure de Guillevic, mais sur un thème libre, les ingrédients de la recette ne leur étant pas proposés.

On peut aussi constituer tout un livre de recettes amusantes, poétiques, farfelues, composé des poèmes de tous les participants.

• Commentaire

Eugène Guillevic est un poète s'inspirant de sa Bretagne natale. Sa poésie n'est pas faite de longs développements et seulement quelques mots suffisent à évoquer l'univers, les êtres, les choses... Elle touche profondément le lecteur, car c'est celle de l'instant et du langage.

Pour une connaissance plus approfondie de ce poète, voici quelques textes à lire et à faire lire aux enfants :

- « Recueil de fabliettes » in *Poésies pour de vrai*, L'École des loisirs ;
- « Toujours il pleut » et « l'Océan » in *Maintenant*, Éditions Gallimard ;
- *Gagner*, Éditions Gallimard.

jeu 29 À la manière de Georges Perec

Objectifs

Connaître un auteur.
Établir une liste.
Écrire à partir de l'œuvre d'un auteur.

Niveau

CE2 – CM.

Matériel

Feuilles.
Crayons/stylos.
Extrait du livre de Georges Perec : *Je me souviens* (Éditions Hachette).

Jeu individuel

Situation d'écriture

Distribuer aux enfants quelques extraits du texte de Georges Perec et les laisser en prendre connaissance. Puis, engager un échange à propos de ce texte.

Demander ensuite à chaque enfant de dresser une liste de souvenirs réels ou imaginaires, les plus farfelus étant les bienvenus. Cette liste sera composée de phrases commençant toutes par « Je me souviens... », comme chez Perec.

EXEMPLES D'ENFANTS

ATELIER D'ÉCRITURE EN MILIEU SCOLAIRE,
CYCLE 3 (VILLE DE BIÈVRES)

Je me souviens de toutes mes bêtises.
Je me souviens du ciel qui m'est tombé sur la tête.
Je me souviens des jours heureux.
Je me souviens de Vanessa Paradis qui était dans son lit.
Je me souviens des portes qui me disaient d'entrer.
Je me souviens du tableau réel.
Je me souviens de ma chatte à sa naissance : elle tenait dans ma main.
Je me souviens de mon poisson qui ne faisait rien.
Je me souviens que mon chien avait la tête de ma sœur.
Je me souviens de rien.
Je me souviens d'avoir été aux toilettes.
Je me souviens du premier atelier d'écriture.
Je me souviens d'un hippopotame en plein désert.

• Prolongement

De la même façon, faire écrire une liste à partir de :

– J'aime…

– Je déteste…

– J'ai souvent envie de…

ou bien encore, une liste qui reprendrait plusieurs de ces thèmes.

• Commentaire

Indiquer la durée du temps d'écriture. Si celle-ci peut paraître longue, elle laisse apparaître des souvenirs enfouis au fond de la mémoire et qui sont bien souvent très cocasses, très amusants et très marquants pour l'« écrivant » et pour l'auditeur en fin de séance durant le temps de lecture.

L'exemple « Je me souviens des jours heureux » peut sembler trop littéraire mais la phrase peut avoir plusieurs sources d'inspiration :

– L'enfant peut effectivement se souvenir de certains jours qu'il a vécus avec beaucoup de bonheur, mais un enfant le dirait-il comme cela ?

– Il peut aussi se souvenir du texte « Je me souviens des jours anciens… » (vers extrait de *Chanson d'automne* de Verlaine). Les enfants de cet atelier avaient en effet travaillé sur le jeu n° 34, deux semaines auparavant. Il est tout à fait possible que cet enfant, se souvenant de ce vers, l'ait utilisé à sa manière.

jeu

30 Arbre ou feuille ?

Objectifs

Jouer avec la sonorité des mots.
Travailler le vocabulaire.
Connaître un auteur.

Niveau

CE2 – CM.

Matériel

Feuilles.
Crayons/stylos.
Fable de La Fontaine : « Le Corbeau et le Renard ».

Jeu individuel

Situation d'écriture

Distribuer aux enfants la fable « Le Corbeau et le Renard » ; leur faire remplacer les mots qu'ils veulent par d'autres mots connus, ayant une sonorité et/ou un rythme approchant.

Ainsi, ils écriront une fable ayant la structure de celle de Jean de La Fontaine.

EXEMPLE D'ENFANTS

Maître Lambeau sur une feuille posée
Plantait dans son sac un collage
Maître Bavard par sa stupeur éméchée...

Commentaire

Ce jeu se rapproche du travail entrepris par Jean Tardieu dans la pièce « Un mot pour un autre » in (*Le Professeur Froeppel*, Éditions Gallimard), dans laquelle tous les dialogues sont écrits selon ce procédé. Il peut être intéressant de présenter cette œuvre aux enfants en début de séance, de lire ou de faire lire quelques répliques et d'échanger à propos de ce travail littéraire.

Dans ce jeu, on travaille à partir d'une fable mais, bien entendu, tout autre texte de départ convient. Quel que soit le texte proposé, les enfants ont à faire un travail précis de vocabulaire, le texte devant garder un sens.

jeu

31 Arbre ou armoire ?

Objectifs

Travailler le vocabulaire.
Savoir utiliser un dictionnaire.

Niveau

CE2 – CM.

Matériel

Feuilles.
Crayons/stylos.
Dictionnaire.
Une fable de La Fontaine (ou un autre texte).

Jeu individuel

• Situation d'écriture

Il s'agit, comme dans le jeu précédent, de changer les mots de la fable.

Chaque participant souligne, sur la feuille qui lui a été distribuée, les mots qu'il veut transformer. Ici, la contrainte est de choisir un mot commençant par la même lettre que le mot du texte.

EXEMPLE D'ENFANTS

Maître Corbeau sur un arbre perché
Tenait en son bec un fromage

Monsieur Commissaire sur une armoire perdue
Tolérait dans son bagage une fresque

• Commentaire

Bien évidemment, le choix du texte est totalement libre. On peut alors travailler un même texte sous plusieurs formes (jeux n°s 30 et 31) ou différents textes, ce qui permet ainsi d'aborder plusieurs auteurs.

L'atelier d'écriture est idéal pour parler « littérature », par le biais des auteurs et des œuvres proposés au groupe et adaptés au jeu. Cela peut aboutir à des « tables rondes », afin d'échanger sur les auteurs et les œuvres…

L'écriture, et celle des enfants en tout premier lieu, se nourrit des œuvres de nos grands auteurs ! La lecture n'est pas la seule source d'inspiration, mais elle paraît tellement évidente qu'on a parfois

jeu

32 Mots inventés

Objectifs

Travailler son imagination.
Travailler le vocabulaire.
Travailler le rythme et le son dans la construction des mots.
Donner la place à une langue imaginaire dans un texte.
Augmenter la confiance en soi.

Niveau

CE2 – CM.

Matériel

Feuilles.
Crayons/stylos.
Extrait de texte (littéraire ou non).

Jeu individuel

• Situation d'écriture

Proposer aux enfants un texte, littéraire ou non, d'au plus 10 lignes. Le jeu consiste à remplacer certains mots, ou tous les mots, par des mots inventés. Les mots à « traduire » sont choisis par les enfants, mais ils ne peuvent traduire que les adjectifs ou les substantifs.

• Prolongement

Dans un deuxième temps, un ou deux ateliers plus tard, distribuer ces textes en langue inventée et demander aux enfants de les traduire en français.

La répartition peut se faire au hasard ; ainsi, chacun pourra avoir son texte ou celui d'un autre à traduire.

• Commentaire

Les enfants s'amusent beaucoup à inventer des mots.

Dans ce jeu, tout leur est permis et ce « délire » verbal est très enrichissant pour eux. Il leur donne confiance en leur écriture.

Durant cette séance, le moment de lecture est très important : demander aux enfants de lire leur texte avec beaucoup de sérieux (ce qui n'est pas toujours facile), en donnant une intonation, ce qui ravira le reste du groupe.

jeu 33

Fable à lettres comptées

Objectif

Travailler le vocabulaire.

Niveau

CE2 – CM.

Matériel

Feuilles.
Crayons/stylos.
Dictionnaire.
Une fable ou un autre texte.

Jeu individuel

• Situation d'écriture

Ce jeu reprend le travail commencé avec les fables (voir jeux n°s 30 et 31).

Distribuer aux enfants une fable de La Fontaine ou un autre texte, et leur demander de la lire. Ils soulignent ensuite les mots qu'ils veulent changer.

Le jeu consiste à remplacer ces mots par d'autres mots, inventés ou non, mais contenant le même nombre de lettres.

EXEMPLE D'ENFANTS

Maître (6 lettres) Corbeau (7 lettres)
sur un (2 lettres) arbre (5 lettres) perché (6 lettres)
Tenait (6 lettres) dans (4 lettres) son bec (3 lettres)
un (2 lettres) fromage (7 lettres)

Madame Dizaine sur la table écrite
Jouait avec son ami le dix-sept

• Commentaire

Les enfants peuvent ainsi écrire une nouvelle fable, à la façon de La Fontaine, mais avec des personnages différents. C'est là que réside toute la difficulté, car il est intéressant de travailler aussi la morale de la fable. Ainsi, les « écrivants » s'attachent autant au contenu qu'à la forme.

Il serait peut-être plus facile de commencer par un texte court, plus simple qu'une fable.

Le dictionnaire est ici indispensable et chaque enfant doit en posséder un.

jeu 34 Poésie d'amour

Objectifs

Connaître un thème.
Connaître des poètes.
Apprendre à faire un choix.

Niveau

CE – CM.

Matériel

Feuilles.
Crayons/stylos.
Surligneur.
Extraits ou intégralité de poèmes sur le thème de l'amour.

Jeu individuel

• Situation d'écriture

Distribuer aux enfants des extraits de poèmes sur l'amour et l'amitié. Le jeu consiste à écrire un poème, composé de vers choisis parmi les poèmes proposés.

Plusieurs étapes sont nécessaires avant d'écrire :

- en premier lieu, les enfants lisent les extraits ;
- ensuite, à l'aide du surligneur, ils relèvent les vers qui leur paraissent les plus beaux, les plus convaincants, ceux qu'ils préfèrent ;
- enfin, ils organisent ces vers, afin de créer leur propre poème d'amour.

• Propositions de poèmes

- « Les Enfants qui s'aiment » de Jacques Prévert, in *Spectacle*, Éditions Gallimard.
- « La Fiancée du koala » de Jacques Roubaud, in *Les Animaux de tout le monde*, Éditions Seghers.
- « Le Cantique des cantiques », traduction d'Ernest Renan, Éditions Arléa.
- « Quand tu dors » de Jacques Prévert, in *Œuvres complètes*, Éditions Gallimard.
- « Lettre de Juliette Drouet à Victor Hugo », Éditions Brocéliande.
- « Je l'aime à mourir » de Francis Cabrel, in *Les Chemins de traverse*, Éditions CBS.
- « Nous deux » de Paul Éluard, « Le Phénix » in *Derniers poèmes d'amour*, Éditions Seghers.
- « Louanges à vous, mères… » d'Albert Cohen, in *Le Livre de ma mère*, Éditions Gallimard.
- « J'ai tant rêvé de toi » de Robert Desnos, in *Corps et Biens*, Éditions Gallimard.

EXEMPLES D'ENFANTS

ATELIER EN MILIEU SCOLAIRE,
CYCLE 3 (VILLE DE BIÈVRES)

Texte de Géraldine :

Tes joues sont belles au
milieu des colliers
Par les gazelles et les
biches des champs
C'est à moi que tu souris
T'as 15 ans j'ai 15 ans
Ne me quitte pas
Toi tu rêves la nuit
Ça me fait pleurer
Et c'est seulement leur
ombre qui tremble
dans la nuit

Texte de Romain :

Ne me quitte pas
Ce n'est pas vrai
que tout amour dérive
Je te vois rêver
Ça me fait pleurer
Profitons-en pour nous
aimer comme si nous
étions déjà dans le paradis
Je mourais, tu vivras et
c'est ce qui m'éveille !
J'avais sur la peau de quoi
composer un recueil de
poèmes, mais le désordre
et le vent m'ont donné le
vertige.

• Commentaire

Il est bien évident que les suggestions d'auteurs et de poèmes ne sont que des suggestions. Certains auteurs peuvent être difficiles à aborder avec des enfants de huit ans, mais il semble important qu'ils lisent tous les auteurs, notamment dans ce type d'exercice. Ils feront eux-mêmes leur choix.

N'oublions jamais ces quatre vers de Frédéric Jacques Temple :

> « Il n'existe pas de poésie pour les enfants.
> Qu'ils comprennent ou non,
> ils perçoivent toujours quelque chose qui leur reste,
> et ce quelque chose est le cœur même de la poésie. »

Comme expliqué dans la partie « Conseils à l'animateur », ce texte doit être signé, même s'il reprend des vers d'autres auteurs. C'est de la « copie », mais avec une organisation syntaxique telle qu'il s'agit bien là de création (voir dans l'avant-propos : « Peut-on inviter un enfant à plagier, copier et pasticher au cours d'un jeu d'écriture ? », page 6).

jeu

35 Poème à thème

Objectifs

Connaître des auteurs.
Apprendre à faire un choix.
Construire un poème.

Niveau

CE – CM.

Matériel

Feuilles.
Crayons/stylos.
Surligneurs.
Extraits ou intégralité de poèmes.

Jeu individuel

• Situation d'écriture

Comme pour le jeu précédent, distribuer aux enfants des extraits de poèmes sur un thème préalablement choisi.

Le jeu consiste donc à créer un poème à partir des vers surlignés et qui ont attiré l'attention des enfants, et se déroule de la même façon que le jeu n° 34.

• Suggestions de thèmes et de poèmes*

Les quatre éléments

– « Îles » de Blaise Cendrars, in *Feuilles de route*, Éditions Denoël.

– « L'Air » de Malcom de Chazal, in *Poèmes*, Éditions Jean-Jacques Pauvert.

– « L'Océan n'est que la mer » d'Eugène Guillevic, in *Maintenant*, Éditions Gallimard.

– « Il pleut » de Raymond Queneau, in « Les Ziaux », *Œuvres complètes*, Éditions Gallimard.

Les saisons et les couleurs

– « La Neige » de Pernette Chaponnière, in *L'Écharpe d'Iris*, Hachette Livre.

– « Il y a » de Gisèle Prassinos, in *Le Ciel et la terre se marient*, Éditions Ouvrières.

– « Le Soleil rouge » de François-Jacques Temple, in *Au pays des mille mots*, Éditions Milan.

– « L'Oiseau » de Blaise Cendrars, in *Feuilles de route*, Éditions Denoël.

Les animaux

– « Le Boa » d'Andrée Chédid, in *Le Cœur et le Temps*.

– « Les Mouettes » de Jacques Roubaud, in *Les Animaux de tout le monde*, Éditions Seghers.

* Voir aussi *100 poèmes à dire et à lire* de Dominique Mégrier, Éditions Retz, Paris, 1999.

EXEMPLE D'ENFANT

ATELIER D'ÉCRITURE
ET ARTS PLASTIQUES (VILLE
DE CORBEIL-ESSONNES)

Texte de Quentin :

Enfin l'été
Tout au long de l'hiver
Les oiseaux les plus froids
n'ont pas vu le soleil
ils laissent échapper leurs couleurs
et pensent à l'été :
le soleil rouge et brûlant
qui les regarde
tous les fruits
toutes les fleurs
et les arbres avec leurs feuilles
Il y a que l'été reviendra.

• Commentaire

Les thèmes sont infinis. Les choisir en fonction du travail mené avec les enfants.

Voici d'autres suggestions :

- la nature ;
- les arbres ;
- les fleurs ;
- le merveilleux ;
- les villes...

jeu

36 Fable à ma façon

Objectifs

Connaître un auteur.
Connaître un genre littéraire : la fable.
Apprendre à faire un choix.
Construire une fable.

Niveau

CM.

Matériel

Feuilles.
Crayons/stylos.
Surligneurs.
Plusieurs fables.

Jeu individuel

• Situation d'écriture

Ce jeu reprend le déroulement des jeux n°s 34 et 35. Il consiste à réécrire une fable composée de vers sélectionnés dans les différentes fables proposées.

Distribuer aux enfants plusieurs fables de La Fontaine. Avant de commencer à écrire, ils doivent lire chacune des fables, puis penser aux personnages qu'ils veulent « mettre en scène », à ce qui va leur arriver et, enfin, à la chute de l'histoire : la morale de la fable, qu'ils doivent inventer.

• Prolongement

Rassembler toutes les morales ainsi trouvées et en faire un petit recueil de pensées.

• Commentaire

Avant ce jeu, il est impératif de travailler la structure d'une fable et sa morale et d'aborder aussi les dictons. Ensuite, les enfants pourront adapter des dictons à l'histoire qu'ils construisent.

Ce travail n'est pas aisé, car le fond doit être travaillé simultanément à la forme ; mais les enfants nous étonnent très souvent et, à l'issue de plusieurs ateliers, de nouvelles fables verront le jour, mettant en scène une tortue et un héron, un corbeau et une fourmi ou encore un bœuf et une cigale...

jeu 37 Poème suite

Objectifs

Travailler le style d'un auteur.
Étudier les rimes et le rythme poétique.

Niveau

CM.

Matériel

Feuilles.
Crayons/stylos.
Quelques débuts de poèmes (3 ou 4 vers).

Jeu individuel

Situation d'écriture

Proposer aux enfants trois ou quatre débuts de poèmes (2 ou 3 vers), de structure, d'époque et de style différents.

Le jeu consiste à écrire la suite du poème. Après avoir lu tous les débuts de poèmes, l'enfant choisit celui qui lui plaît le plus et écrit cinq à dix vers. Pour ce faire, il devra s'imprégner du style et du rythme des vers proposés.

EXEMPLES D'ENFANTS

TEXTE DE MILÀN (10 ANS)

(écrit seul à la maison)

Les deux vers proposés sont extraits de « Le Secret »
de René De Obaldia, in *Innocentines*, Éditions Grasset
Les vers en gras sont ceux de Milàn

Sur le chemin près du bois
J'ai trouvé un trésor :
Sur le chemin près du bois
Je regardai ce coffre
plein d'or.

Sûr qu'il appartint à un
grand roi !
Autour de ce coffre, plein
de décors.
Vais-je tout garder pour
moi ?
Si c'est oui je m'achèterai
un grand cor.
Ou alors, je le laisserai
dans ce grand bois
Je dois me décider vite
Car je dois rentrer chez
moi.

Commentaire

À la fin de l'atelier, après la lecture des poèmes, lire aux enfants l'intégralité des poèmes à partir desquels ils ont travaillé.

jeu

38 Jeu de titres

Objectifs

Apprendre à résumer.
Être concis dans l'écriture.
Écrire des phrases pertinentes.

Niveau

CE2 – CM.

Matériel

Feuilles.
Crayons/stylos.
Plusieurs textes courts (une dizaine de lignes).

Jeu individuel

• Situation d'écriture

Dans un premier temps, disposer sur une table cinq petits tas de textes différents. Chaque enfant choisit un texte (pris au hasard) et le lit. Puis, il lui donne un titre et le note sur la feuille, et ainsi de suite pour chacun des textes proposés.

Ces titres doivent être une invitation à l'écriture et doivent donner, par la suite, envie d'écrire.

À la fin de l'atelier, chaque enfant lit les titres qu'il a trouvés, sans dire à quel texte ils se rapportent.

• Commentaire

Les titres doivent être très significatifs et porteurs d'une grande ouverture, laissant à ceux qui les liront le loisir d'imaginer, à partir de ces titres, des situations d'écriture.

jeu

39 Jeu de textes

Objectifs

Écrire un texte à partir d'un titre.
Confronter deux textes ayant le même titre.

Niveau

CE2 – CM.

Matériel

Feuilles.
Crayons/stylos.
Les titres travaillés au jeu n° 38.

Jeu individuel

• Situation d'écriture

Reprendre les titres imaginés lors du jeu n° 38. Les enfants en choisissent un, au hasard, et écrivent un texte.

À la fin de l'atelier, lire les nouveaux textes. Après cette lecture, il est très intéressant de relire les textes de départ, ceux qui ont suggéré les titres.

• Commentaire

Le contenu des textes est parfois surprenant par rapport au texte de départ. Mais il est toujours très intéressant de pouvoir comparer le texte de l'auteur avec celui que l'enfant aura écrit à partir du titre. Discussions et échanges ne manquent pas après un tel travail et il est important de leur laisser la place qui leur revient. Ainsi, les enfants peuvent travailler leur jugement, leur sens critique et apprendre à connaître un auteur.

jeu

40 Jeu de collages

Objectifs

Lire différents supports.
Écrire un texte en juxtaposant plusieurs morceaux de textes.
Apprendre à sélectionner.

Niveau

CE2 – CM.

Matériel

Feuilles.
Crayons/stylos.
Ciseaux et colle.
Livres, journaux, prospectus, magazines, annuaires, catalogues…

Jeu individuel et/ou à deux

• Situation d'écriture

Le jeu consiste à écrire un texte composé de découpages provenant de différents types de textes.

Le thème et la forme sont laissés entièrement libres.

Dans un premier temps, les enfants feuillettent des revues, magazines et autres supports écrits, puis découpent au gré de leur envie : petit à petit, un thème s'impose à eux. Ensuite, ils ordonnent et collent ces morceaux pour en faire un texte.

• Commentaire

Le travail peut aller du plus simple – collage de mots pour faire des phrases – au plus compliqué, et on peut imaginer là une histoire entière, avec plusieurs chapitres, qui ne serait qu'un grand collage de morceaux découpés.

Le collage a d'abord existé en peinture : les artistes introduisaient sur leurs toiles des matériaux inhabituels (papier, journal, tissu, etc.).

jeu

41 Poème cadre

Objectifs

Approcher l'écriture poétique.
Connaître un auteur.

Niveau

CM.

Matériel

Feuilles.
Crayons/stylos.
Extraits de poèmes.

Jeu individuel

Situation d'écriture

Proposer aux enfants le premier et le dernier vers d'un poème ou d'un extrait de poème, ainsi que le premier et le dernier mot de chaque vers.

Le jeu consiste à compléter ce poème, dont le cadre a été donné.

EXEMPLE D'ENFANT

TEXTE DE MILÀN (10 ANS)
(travaillé seul à la maison)
Le cadre du poème est extrait de « Le Soleil rouge »
de François-Jacques Temple, in *Au pays des mille mots*,
Éditions Milan (1re strophe)
Le texte en gras est celui de Milàn

Le soleil rouge nous regarde
nous **donnons à manger aux** oiseaux
sur **la branche. Le père en plein** sommeil,
la **mère ne fait que nous** regarder
Nous **qui ne sommes que des** enfants
Aux terrasses de l'été.

Prolongement

On peut aussi ne donner aux enfants que le premier et le dernier vers ; ils devront alors réécrire le milieu du poème.

Dans un deuxième temps, il est intéressant d'aborder les différentes formes poétiques ainsi que le travail sur les rimes et le rythme. Les enfants devront alors écrire dans le cadre donné, en respectant la forme du poème.

jeu

42 Bientôt je n'aurai plus de roue

Objectifs

Jouer avec les mots.
Connaître un auteur.
Écrire à la façon de…
Travailler le vocabulaire.

Niveau

CE – CM.

Matériel

Feuilles.
Crayons/stylos.
Le texte « Bientôt je n'aurai plus de voix » de Luc Bérimont.

Jeu individuel

• Situation d'écriture

Lire ou distribuer aux enfants le texte de Luc Bérimont : « Bientôt je n'aurai plus de voix », in *L'Esprit d'enfance*, Éditions Ouvrières.

Bientôt je n'aurai plus de voix
Disait le voiturier
Bientôt je n'aurai plus de chats
Disait le châtaignier
Bientôt je n'aurai plus de rats
Disait le râtelier
Bientôt je n'aurai plus de poux
Disait le poulailler
Regardez ! Je n'ai plus de rampe
Disait le rempailleur
Mais tous ceux qui ne disaient rien
Tous ceux-là n'en pensaient pas moins.

Demander ensuite aux enfants de créer des vers à la manière de Luc Bérimont. Ce nouveau poème peut être la suite de celui de l'auteur.

EXEMPLE D'ENFANT

POÈME DE VIOLAINE (CE1)

Bientôt je n'aurai plus de roue
Disait le routier
Bientôt je n'aurai plus de sous
Disait le soulier
Bientôt je n'aurai plus de pluie
Disait le plumier
Bientôt je ne ferai plus d'escale
Disait l'escalier
En continuant de grimper,
grimper, grimper...

• Commentaire

Les enfants prennent beaucoup de plaisir à jouer avec les mots de cette façon. Toutes les propositions de fin de poème, y compris celles qui ne reprennent pas la structure du poème initial, comme dans l'exemple ci-dessus, doivent être acceptées.

Jeux avec contraintes

Contraintes sur la forme

Contraintes sur le fond

Contraintes sur la forme et le fond

LES JEUX AVEC CONTRAINTES

Lorsqu'on aborde la notion de contrainte en atelier d'écriture, immédiatement, on se réfère à l'Oulipo (Ouvroir de littérature potentielle). La vocation de ce groupe de poètes/mathématiciens, créé en 1960, est en effet de retrouver ou d'inventer des structures d'écriture, structures qui sont toutes définies par des contraintes.

Aux questions : « Pourquoi les travaux de l'Oulipo ? Pourquoi ces contraintes ? »,

Raymond Queneau répond de cette façon :

« Proposer aux écrivains de nouvelles "structures" de nature mathématique ou bien encore inventer de nouveaux procédés artificiels ou mécaniques, contribuant à l'activité littéraire : des soutiens de l'inspiration pour ainsi dire ou encore, en quelque sorte, une aide à la créativité ».

C'est cette aide à la créativité qui est mise en place dans ce chapitre.

Ces jeux avec contraintes mettent en évidence certaines techniques d'écriture propre au langage poétique. Bien entendu, il ne peut être question à l'école primaire de présenter toutes les règles complexes de la « poétique » française.

Cette série de jeux a pour but de faire observer aux enfants qu'il s'agit d'un mode d'expression différent du langage habituel. Ainsi, ils peuvent découvrir certaines règles fondamentales et ce, intuitivement.

On peut espérer que ce travail sur l'écriture poétique amènera, plus tard, les enfants à être de véritables « amateurs » de poésie.

LES JEUX AVEC CONTRAINTES

Contraintes sur la forme

Contraintes sur le fond

Contraintes sur le fond et la forme

jeu 43 Acrostiche

Objectifs

Jouer avec les mots.
Jouer avec la forme du mot.
Solliciter l'imagination.

Niveau

CE – CM.

Matériel

Feuilles.
Crayons/stylos.

Jeu individuel et/ou collectif

Situation d'écriture

Demander aux enfants d'écrire un court poème, de sorte que la première lettre de chaque vers compose un mot ou un nom, dans le sens vertical.

Dans un premier temps, leur proposer des mots simples, entre trois et cinq lettres, pour qu'ils se familiarisent avec ce jeu d'écriture : l'acrostiche.

EXEMPLE D'ENFANT

TEXTE DE YASSMINE (10 ANS)

Naissance de l'hiver
Or et lumière
Enluminures étoilées
Lazuli de la beauté

Prolongement

Il existe de multiples variations de l'acrostiche :

- l'acrostiche de fin de vers : les dernières lettres de chaque vers donnent le mot en les lisant verticalement ;
- l'acrostiche double : en début et fin de vers ;
- l'acrostiche triple : en début, milieu et fin de vers ;
- l'acrostiche de phrase : les premiers mots de chaque vers composent, en les lisant dans le sens vertical, une phrase.

Commentaire

Ce jeu est très apprécié des enfants, mais il ne faut pas aller trop vite, sinon ils risquent de se décourager.

Certains enfants ne pourront dépasser le stade de l'acrostiche de début de phrase, et cela est déjà très bien s'ils le réussissent. Peut-être, plus tard ou à la maison, s'essaieront-ils à en créer d'autres.

jeu

44 Auto-portrait

Objectifs

Jouer avec les mots.
Jouer avec les lettres d'un mot.
Travailler l'imagination.
Se connaître soi-même.

Niveau

CE – CM.

Matériel

Feuilles.
Crayons/stylos.

Jeu individuel

• Situation d'écriture

Ce jeu de l'autoportrait est un acrostiche de prénom et/ou de nom. Tout comme pour le jeu précédent, demander aux enfants d'écrire un poème ou un texte à partir de leur prénom, écrit verticalement.

• Commentaire

Il peut être amusant de proposer aux enfants de se présenter en faisant leur portrait ou celui de leur ami sous forme d'acrostiche.

De même, ces acrostiches de noms peuvent être de beaux cadeaux à faire aux membres de sa famille pour un anniversaire ou une fête.

Bien entendu, certains enfants ont des prénoms contenant des lettres compliquées. Il s'agit alors de les aider, avec délicatesse, à composer leur texte, certains d'entre eux faisant rejet de ce prénom compliqué.

jeu 45 Mon nom

Objectifs

Jouer avec les lettres.
Former des mots nouveaux et/ou inhabituels.
Enrichir son vocabulaire.
Réfléchir sur son identité (à partir de son nom).

Niveau

CE – CM.

Matériel

Feuilles.
Crayons/stylos.
Dictionnaire.

Jeu individuel

• Situation d'écriture

Expliquer aux enfants la règle du jeu.

Dans un premier temps, ils recherchent le plus de mots possibles pouvant être écrits avec toutes les lettres de leurs prénom et nom. Ils dressent ainsi une liste de mots, en n'oubliant pas les mots très courts, tels que mots de liaison, etc.

Dans un deuxième temps, ils écrivent un texte avec ces mots, un même mot pouvant être utilisé plusieurs fois.

EXEMPLES D'ENFANTS

ATELIER D'ÉCRITURE ET ARTS PLASTIQUES
(M.J.C. DE CORBEIL-ESSONNES)

Il vit seul et quitte l'île unique qu'est la vie. (Quentin V.)

La nuit, seul, il quitte la vie. (Quentin V.)

Les cils de la vie. (Camille V.)

Mes amis ont vu les mille cils de la vie. (Camille V.)

Le sel est l'ami du blé. (Yassmine)

Ma mie est le sel de ma vie. (Yassmine)

Le geai a l'aile gelée. (Léa G.)

Gaël et le geai vont au gala de l'eau gelée. (Léa G.)

Une mariée a un dada : mentir aux mandarines et aimer les marteaux. (Marine)

L'ail est triste comme une balle et le bébé est trop salé. (Inès B.)

• Commentaire

Dans les exemples proposés précédemment, la contrainte a été respectée, même si elle n'est pas explicite, car les patronymes des enfants ne peuvent être cités.

Certains noms comportent des lettres difficiles à placer et l'usage du dictionnaire peut s'avérer indispensable.

On peut présenter le texte final sous différentes formes : prose, vers, vers libres, etc.

jeu

46 Mes initiales

Objectifs

Écrire avec des lettres imposées.
Rédiger un portrait.

Niveau

CM.

Matériel

Feuilles.
Crayons/stylos.

Jeu individuel

• Situation d'écriture

Les enfants scindent une feuille en deux colonnes, l'une étant consacrée à l'initiale de leur prénom, l'autre à l'initiale de leur nom. Dans chacune des colonnes, ils dressent une liste de mots commençant par la lettre initiale, ces mots devant se rapporter à eux : particularités physiques, de caractère, etc. Ces deux listes peuvent alors être considérées comme une nouvelle carte d'identité de l'enfant.

Demander aux enfants de rédiger, en utilisant ces mots, un texte qui constituera leur autoportrait.

EXEMPLE D'ENFANT

TEXTE D'AMANDINE (10 ANS)
Son patronyme commence par M.
(Texte écrit seule à la maison)

Accro à l'athlétisme, marrante et mignonne, j'aime les antiquités, et le Moyen Âge, les musiques de Manau et Mozart, les amandes et les mandarines.
Ma mamie maternelle s'appelle Annie.
Je m'amuse à la maîtresse, j'aimerais devenir médecin.

• Prolongement

De la même façon, les enfants peuvent réaliser le portrait d'une personne qui leur est chère et lui offrir ce texte à l'occasion d'une fête, d'un anniversaire...

EXEMPLE D'ENFANT

TEXTE DE MILÀN (10 ANS)

Son patronyme commence par P.

(Texte écrit seul à la maison)

Mon petit, mon peureux, mon pépère, mon père, mélangeant pour moi, malaxant la pâte, me prépare mon plat préféré.

• Commentaire

La première étape d'écriture – les deux listes – ne pose pas de problèmes particuliers. Néanmoins, l'utilisation d'un dictionnaire s'avère utile.

Le passage à l'écriture du texte peut paraître plus complexe. Les enfants ne doivent pas oublier de rechercher les mots de liaison, pronoms, etc., ce qui, parfois, est difficile.

jeu 47 Haïkus

Objectifs

Apprendre à écrire des textes courts.
Apprendre à être bref, concis.
Apprendre à traduire en peu de mots une vision fugitive, une impression, une émotion.

Niveau

CE – CM.

Matériel

Feuilles.
Crayons/stylos.

Jeu individuel

Situation d'écriture

La contrainte est assez simple : il s'agit d'écrire un petit poème, dont le thème est imposé ou non, et composé comme suit :

– 1er vers : 5 syllabes ;

– 2e vers : 7 syllabes ;

– 3e vers : 5 syllabes.

Le poème est donc composé de 17 syllabes.

Voici des thèmes propres aux haïkus que l'on peut proposer aux enfants : la vision fugitive d'un objet, d'une fleur, d'un paysage, d'une couleur…

Prolongement

Donner plusieurs thèmes aux enfants afin qu'ils écrivent un ou plusieurs haïkus sur chacun de ces thèmes. Puis, on peut composer un grand poème collectif, constitué de tous les poèmes issus du même thème.

Commentaire

Au Japon, l'écriture des haïkus est un art. Les poèmes d'auteurs japonais, tels que Basho ou Buson, traduits en français, sont toujours empreints de délicatesse et de légèreté ; ils font partager leur vision du monde avec fraîcheur.

À titre d'exemple, voici un poème de Basho (1644-1694) :

Sur une branche nue
Un corbeau s'est posé
Soir d'automne

EXEMPLES D'ENFANTS

ATELIER DÉCRITURE ET ARTS PLASTIQUES (M.J.C. DE CORBEIL-ESSONNES)

C'est la fin du monde
Tout brûle dans la verte forêt
Et tout explose, là.
(Léa, 8 ans)

Le soleil brillant
C'est la couleur du printemps
La lune se lève
(Yassmine, 8 ans)

ATELIER D'ÉCRITURE EN MILIEU SCOLAIRE (VILLE DE CORBEIL-ESSONNES)

L'amour est un fil
Qui ne se brise qu'à la mort
Comme l'amitié
(Pacouchie, CM1)

ATELIER D'ÉCRITURE EN MILIEU SCOLAIRE, CYCLE 3 (VILLE DE BIÈVRES)

Dans mon beau jardin
J'ai trouvé des cerisiers
verts et tout marron

Mes larmes sont douces
elles glissent le long de mes joues
Que c'est agréable !

Le printemps est beau
quand ses belles roses fleurissent
Elles se sont fanées

Un tout petit verre
Et des couverts en argent
Puis j'ai tout cassé !

Les arbres ont bougé
Ici les belles collines
Recouvertes d'herbes

jeu

48 V. S. A.

Objectifs

Composer un texte en prose.
Respecter une structure syntaxique donnée.

Niveau

CE2 – CM.

Matériel

Feuilles.
Crayons/stylos.

Jeu individuel

• Situation d'écriture

Il s'agit d'écrire un texte selon une structure donnée :

– V : verbe ;

– S : substantif ;

– A : adjectif.

Par exemple :

V V S S S S A S S V V S S S V S A S A S V S A S S S S V V S S A A S V.

Les enfants composent donc un texte commençant par deux verbes. L'ajout des articles et des mots de coordination est accepté. La ponctuation est laissée libre.

EXEMPLES D'ENFANTS

ATELIERS D'ÉCRITURE EN MILIEU SCOLAIRE,
CYCLE 3 (VILLE DE BIÈVRES)

Dormir, rêver, les images, les couleurs, le relief : un rêve charmant, des sourires sur les visages. Voir, imaginer des princes, des princesses, des rois, créer son histoire romantique, son rêve féerique. Une reine changée en sorcière maléfique : princes, princesses, rois, reines, venez, venez au pays des fées enchantées, puissants de ce monde, venez.

• Prolongement

Dans un deuxième temps, on peut ajouter des contraintes supplémentaires :

- un thème de départ, ce qui aura pour conséquence de faire travailler le vocabulaire se rapportant à ce thème ;
- tous les substantifs doivent commencer par la même lettre ;
- tous les substantifs doivent être au pluriel.

Dans ce cas, la recherche sera plus difficile. Proposer alors une structure de départ moins longue.

• Commentaire

Ce jeu est emprunté à l'Oulipo.

Il ne présente pas d'énormes difficultés, sinon une très grande rigueur et une grande concentration ; lors de la première réalisation de ce jeu, donner une structure de départ assez courte.

L'exemple ci-dessus s'adresse à des enfants de CM et n'est qu'une suggestion ; on peut en inventer d'autres à l'infini...

jeu 49 La lettre imposée

Objectifs

Travailler le vocabulaire.
Jouer avec les mots.

Niveau

CE – CM.

Matériel

Feuilles.
Crayons/stylos.
Dictionnaire.

Jeu individuel

• Situation d'écriture

Ce jeu en lui-même est très simple : il s'agit d'écrire un texte dont tous les mots commenceront par la même lettre et dont le thème est libre.

Demander aux enfants d'écrire tous les mots qui leur passent par l'esprit, commençant, par exemple, par la lettre M. Aucune censure ne sera faite.

Puis, avec ces mots, ils écrivent un texte dont le thème sera peut-être déterminé par les mots trouvés. À ce stade du travail, les enfants peuvent utiliser le dictionnaire pour élargir leur vocabulaire.

EXEMPLE D'ENFANT

MILÀN (10 ANS)
(Texte écrit seul à la maison)

Lettre : R
Mots : retour, ressusciter, racisme, racine, rage, rouge, rougir, rêveries, rose, revenir, réel, rêve.

Le retour rouge des rêveries ressuscite les roses revenues d'un rêve réel.

• Commentaire

Ce jeu se réfère à celui de l'Oulipo baptisé « Tautogrammes ».

Bien entendu, le texte doit avoir un sens. C'est à ce stade du travail que les enfants pourront avoir quelques difficultés, le dictionnaire pouvant leur être très utile : le vrai travail au niveau du vocabulaire se met en place à ce moment précis.

jeu

50 J'écris un tercet

Objectifs

Étudier une forme poétique spécifique.
Étudier et produire des rimes.
Travailler l'alexandrin.
Comprendre le rythme d'un poème.

Niveau

CE2 – CM.

Matériel

Feuilles.
Crayons/stylos.
Dictionnaire de rimes.

Jeu individuel

• Situation d'écriture

Dans un premier temps, lire aux enfants de l'atelier un sonnet, puis relire les deux tercets extraits de ce sonnet (voir Commentaire).

Expliquer ensuite la forme et la structure de ces tercets (voir Commentaire).

Ils sont alors à même d'écrire un tercet sur un thème, imposé ou non.

• Prolongement

De la même façon, les enfants peuvent écrire un quatrain (voir Commentaire).

Lorsqu'ils sont bien rodés à l'écriture de cette forme poétique, ils peuvent rédiger un sonnet entier.

Il est également possible, sur le thème des quatre saisons, par exemple, et en groupe, de leur faire écrire un sonnet : le premier écrit le premier quatrain sur le printemps, le deuxième le second quatrain sur l'été, le troisième écrit le premier tercet sur l'automne et, enfin, le dernier le tercet sur l'hiver.

• Commentaire

Ce jeu poétique n'est pas simple puisqu'il aborde le rythme et la rime. Aussi faut-il en expliquer très clairement les structures, en donner à lire et à écouter aux enfants.

Un sonnet se compose de deux quatrains (2 fois 4 vers) et de deux tercets (2 fois 3 vers) sur le rythme de l'alexandrin, soit 12 pieds. Un sonnet se compose donc de 14 vers.

Dans leur forme classique, les quatrains sont sur deux rimes embrassées : a/b/b/a, et les tercets présentent deux schémas possibles : c/c/d – e/d/e ou c/c/d – e/e/d.

jeu 51 Mon essentiel

Objectifs

Jeu de déblocage.
Se connaître soi-même : l'enfant face à lui-même.
Connaître l'autre, apprendre à connaître les enfants.

Niveau

CE – CM.

Matériel

Feuilles.
Crayons/stylos.

Jeu individuel

Situation d'écriture

Proposer aux enfants d'écrire la liste des quinze « choses essentielles » à leur vie, ce qui est le plus important pour eux. Ces choses essentielles peuvent être des personnes ou des lieux.

EXEMPLE D'ENFANT

TEXTE DE VIOLAINE (CE1)

- Vivre ;
- les animaux en liberté ;
- voir, je ne voudrais pas être aveugle ;
- dormir pour grandir ;
- me faire soigner ;
- l'humour ;
- manger et boire, c'est très important ;
- l'école pour apprendre ;
- mon Terre-neuve parce qu'il est beau ;
- mes chats quand ils jouent ;
- les arbres qui nous font respirer ;
- faire partie du monde ;
- les bras de ma maman ;
- rire avec mon papa ;
- les rayons du soleil qui nous réchauffent.

Commentaire

Ce jeu fait appel à une certaine analyse intérieure. Pour l'encadrant, cela permet d'apprendre à connaître les enfants, à les situer, et donc à les aider si besoin est.

Le début de la liste ne leur pose aucune difficulté mais, ensuite, il leur est plus difficile de trouver des éléments. C'est alors que se met en place ce qui vient du plus profond de l'être ; les « écrivants » se surprennent eux-mêmes à ce que « les rayons du soleil » (pour reprendre l'exemple de Violaine) soient essentiels à leur qualité de vie.

jeu

52 Le mot inducteur

Objectifs

Faire des associations libres de mots.
Améliorer la confiance en soi.
Solliciter l'imagination.

Niveau

CE – CM.

Matériel

Feuilles.
Crayons/stylos.

Jeu individuel et/ou collectif

• Situation d'écriture

Proposer un mot aux enfants, puis leur demander d'écrire tous les mots leur venant à l'esprit, liés à ce mot de départ, par libre association d'idées.

Ils écrivent ensuite des phrases, chacune contenant un mot de la liste.

EXEMPLES D'ENFANTS

PHRASES DE PLUSIEURS ENFANTS
DE L'ATELIER D'ÉCRITURE
ET ARTS PLASTIQUES (VILLE DE CORBEIL-ESSONNES)

Mot inducteur : sourire.
Mots trouvés collectivement : bébé, soleil, maman, joli, bouche, lèvres, oiseau, joie, amitié, animal.

Phrases :

- Quand je souris je suis jolie. (Anne, CE2)
- Tu ne sais pas ce que veut dire la joie, ah bon, tu as de l'amitié ! (Anne, CE2)
- Ma maman est jolie quand elle sourit. (Émilie, CP)
- Ton papa a de la joie ? (Émilie, CP)
- Mon éléphant sourit quand je regarde le soleil. (Marina, CE1)

EXEMPLE D'ENFANT

TEXTE DE MILÀN, 10 ANS
Travaillé seul à la maison

Mot inducteur : sourire
Mots de Milàn : amusement, rigolade, bouche, malice, ironie, dédain, expression, mouvement.

Phrases :
- Quel est cet amusement ?
- Quelle partie de rigolade !
- Quelle bavarde, elle se sert un petit peu trop de sa bouche !
- Ce garçon a une pointe de malice et de moquerie dans le sourire.
- Tu as une lueur d'ironie dans le regard !
- Lui et son dédain des filles !
- Cette expression est vraiment dégoûtante !
- À cause de son bras cassé, il ne peut faire ce mouvement.

• Prolongement

Après cette première étape, demander aux enfants d'écrire un texte ayant un sens à partir de ces mots. Tous les mots devront apparaître dans le texte, sa forme étant laissée au choix de l'enfant : prose, vers…

Ce travail peut aussi être réalisé collectivement. À partir du mot inducteur, chaque participant énonce à voix haute les mots qui lui viennent à l'esprit, ceux-ci sont notés sur une grande feuille par l'animateur. Le texte est ensuite écrit individuellement.

• Commentaire

Bien faire comprendre aux enfants qu'ils ne doivent pas s'autocensurer. Ils seront d'ailleurs parfois surpris par leurs propres associations d'idées et le texte en sera d'autant plus riche.

jeu

53 Jeu de cartes

Objectifs

Savoir observer.
Travailler l'imagination à partir d'un support visuel (cartes).
Apprendre à construire une histoire et un texte.

Niveau

CE2 – CM.

Matériel

Cartes postales ou de tarot ou photos, etc.
Feuilles.
Crayons/stylos.

Jeu individuel

Situation d'écriture

Distribuer aux participants des cartes. Elles peuvent être extraites d'un jeu de tarot (il en existe de très beaux), d'un jeu de 7 familles, ou encore, ce peut être des cartes postales.

Dans un premier temps, les enfants rangent ces cartes dans l'ordre qui leur convient, et numérotent au dos, les cartes ainsi classées.

À partir de ces cartes rangées, ils vont écrire une histoire (amusante, étrange, triste...). Le début de l'histoire leur sera inspiré par la première carte, la suite par la deuxième, jusqu'à la dernière carte représentant la fin de l'histoire.

À la fin du temps réglementaire d'écriture, le lecteur lit son texte tandis que les auditeurs voient les cartes.

carte 1

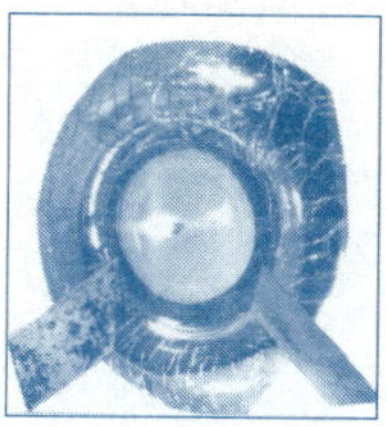
carte 2

carte 3

© D.R.
carte 4

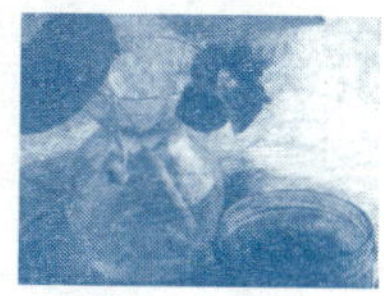
© D.R.
carte 5

EXEMPLE D'ENFANT

TEXTE DE MILAN, 10 ANS

Travaillé seul à la maison

Il était une fois, environ un milliard d'années avant J.-C., un univers pas comme les autres ; les écoliers (leur nom était «les bosseurs»), sautaient de planète en étoile. Pour résumer, tout le monde était content. Un jour, un savant dit : «Je me demande bien ce qu'il y a là-haut ?» Il fit parvenir sa réflexion au maire. Avec son accord, ils sautèrent tous les deux dans le vaisseau, accompagné de quelques «civils». Ils étaient pressés de partir car les «super flics» faisaient leur

tour de garde et étaient garés en double file.
Cela faisait trois jours qu'ils étaient partis quand, par un hublot du vaisseau, les «civils» virent le gardien de la porte. On l'appelait Enigmo, car il devait poser une question pour passer la porte de la galaxie.
Ils s'approchèrent et Enigmo leur posa une devinette : «Qu'est-ce qui a quatre pattes le matin, deux pattes le midi et trois pattes le soir ?»
Après maintes réflexions, le savant dit :
«C'est l'homme».
Suite à quelques secondes de suspens, le gardien dit :
«Vous pouvez passer».
Ils passèrent la porte, mais le moteur du vaisseau prit feu. L'appareil était incontrôlable et le maire cria au savant et aux «civils» d'aller dans la soucoupe de sauvetage. Le savant était aux commandes ; ils se dirigèrent vers une planète hostile.
Après s'être échoué sur cette prétendue planète, qui n'était autre que la Terre, ils déchargèrent les provisions.
Au bout d'une trentaine d'années, ils vinrent à mourir. Leurs cellules formèrent de petits poissons qui, à leur tour, formèrent les dinosaures, et ainsi de suite...
Maintenant, on peut dire que grâce à une quinzaine de personnes, le monde est tel qu'il est aujourd'hui.

Commentaire

On peut aussi fabriquer des cartes, sur des bristols ou avec des découpages pris dans les magazines... Les enfants tirent au sort un certain nombre de cartes, les ordonnent et écrivent l'histoire.

Le nombre de cartes sera proportionnel à l'âge des enfants et à leurs facilités (ou à leurs difficultés) face à l'écriture.

Quatre cartes sont suffisantes pour un premier jeu, avec des enfants de CE2.

jeu

54 La boîte à trésors

Objectifs

Apprendre à écrire brièvement.
Choisir un thème sur lequel on aimerait écrire.

Niveau

CE – CM.

Matériel

Crayons/stylos.
Bandes de papier.

Jeu individuel

Situation d'écriture

Distribuer une dizaine de bandes de papier à chacun des enfants, sur lesquelles ils notent un sujet à partir duquel ils aimeraient écrire.

Après la lecture en fin de séance, les bandes sont collectées dans une boîte à trésors, dans laquelle chacun pourra puiser à loisir quand lui viendra l'envie d'écrire.

Et pourquoi, certains soirs, ne pas prendre au hasard un sujet pour écrire à la maison ?

EXEMPLES D'ENFANTS

- La Tour Eiffel se penche.
- La forêt de Fontainebleau en feu.
- Marcher sur la lune sans chaussures.
- Un cambriolage tourne mal.
- Deux fillettes font les baby-sitters.
- Attaque d'Uranus.

Commentaire

Le fond de l'exercice peut s'apparenter au travail de « rédaction » qui était proposé, il n'y a pas si longtemps de cela, aux enfants. Mais les thèmes choisis par les enfants sont bien différents de ceux qui étaient proposés, tant au niveau des énoncés que de la formulation.

Inventer des sujets, proposer des titres est une excellente façon de fantasmer, de rêver au texte à venir. Ce n'est donc plus un travail imposé (comme celui de la rédaction) mais un exercice que l'on se propose de faire soi-même.

jeu 55 Calli-grammes

Objectifs

Lier la forme d'un poème (dessin) avec le fond (histoire).
Apprendre à mettre un texte sous forme visuelle.

Niveau

CE – CM.

Matériel

Feuilles.
Crayons/stylos.

Jeu individuel

Situation d'écriture

Dans un premier temps, présenter aux enfants des exemples de calligrammes – ceux d'Apollinaire sont connus – puis leur proposer d'écrire une histoire dont les lettres et les mots formeront un dessin.

Les enfants trouveront d'eux-mêmes leur méthode : qu'ils commencent par écrire ou par dessiner, peu importe.

Il ne s'agit pas d'égaler Apollinaire et, d'ailleurs, les exemples ci-dessous sont très naïfs. Lors de cet atelier, les enfants entendaient parler de calligrammes pour la première fois.

EXEMPLES D'ENFANTS

ATELIER HORS TEMPS SCOLAIRE (VILLE DE CORBEIL-ESSONNES)

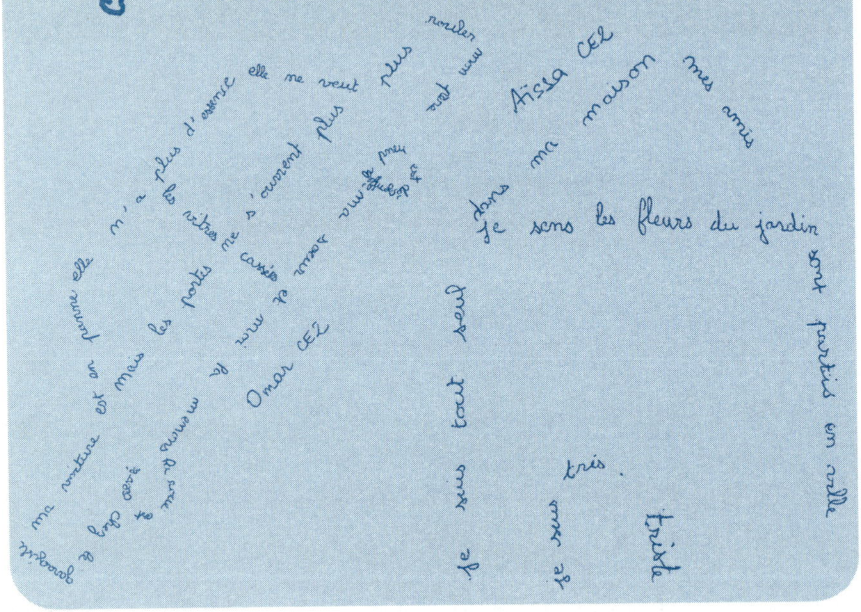

Commentaire

Le mot « calligramme » a été employé pour la première fois en 1918 par Apollinaire. Les calligrammes figurent très souvent des objets ou des animaux, le texte est le plus souvent un poème. Ici, il est question de « calligramme », mais le terme « ébauche » aurait été plus juste.

jeu 56 Inventions

Objectifs

Stimuler l'inventivité.
Travailler avec les sonorités des mots.
Effet de surprise.
Travailler le vocabulaire.

Niveau

CE – CM.

Matériel

Feuilles.
Crayons/stylos.
Dictionnaire (pour le prolongement).

Jeu individuel et/ou collectif

• Situation d'écriture

Donner aux enfants une liste de mots dont ils peuvent ne pas connaître le sens.

Puis, leur demander d'écrire une définition personnelle et ludique des mots, comme celle qu'ils pourraient trouver dans le dictionnaire.

Pour cela, il faut :

– regarder le mot écrit ;

– le répéter plusieurs fois à haute voix.

Ainsi, la définition sera trouvée à partir de la forme et de la sonorité du mot.

Il est alors amusant de créer un dictionnaire rassemblant les nouvelles définitions.

En fin de séance, après la lecture des définitions personnelles, lire ou faire lire celles du dictionnaire afin de redonner aux mots leur vrai sens et d'élargir le champ lexical de chacun.

EXEMPLES D'ENFANTS

ATELIER EN MILIEU SCOLAIRE

ACROPOLE : sorte de crapaud volant.
ACROSTICHE : morsure très grave d'un animal à crocs contre sa niche.
BALIVERNE : sorte de caverne à balais.
BODHISATTVA : nom donné aux ouvriers qui fabriquent des savates en forme de body.
CADUQUE : médicament servant à guérir les ducs qui caquettent sous les aqueducs.
DÉONTOLOGIE : salle d'opérations réservée à la chirurgie esthétique des caméléons.
ÉPHÉMÈRE : maladie normale de la panthère.
FARIBOLE : sorte de colle préparée avec de la farine dans un bol.
GAUDRIOLES : chaussures spéciales pour l'école.
HÉTÉROCLITE : oiseau électronique transmettant une maladie contagieuse.
INIMITIÉ : amitié inimitable, même pour les singes.

• Prolongement

Chaque enfant, muni d'un dictionnaire, le feuillette et relève des mots dont il ne connaît pas le sens mais qui lui paraissent intéressants au niveau de la forme et de la sonorité.

Bien entendu, la définition du dictionnaire ne sera lue qu'une fois la définition personnelle écrite.

• Commentaire

Les enfants prennent un réel plaisir à inventer des définitions et sont parfois très surpris du vrai sens des mots.

jeu 57 Le gazon

Objectifs

Travailler les rimes et les sons.
Inventer des mots.
Rechercher ce qu'un son peut donner comme sens à un mot.

Niveau

CE – CM.

Matériel

Feuilles.
Crayons/stylos.

Jeu collectif et/ou individuel

• Situation d'écriture

Proposer aux enfants de l'atelier un mot simple tel que : GAZON.

Chacun joue à trouver des mots rimant avec ce terme et dresse une liste (10 mots). Par exemple : maison, horizon, bison, saison, poison, etc.

Puis, inviter les enfants à écrire une deuxième liste de mots rimant toujours avec gazon, mais inventés. Par exemple : douzon, praluson, buzon, juzon, etc.

Chaque enfant crée ensuite une comptine avec tous les mots trouvés, connus et inventés.

• Commentaire

Travailler ce jeu collectivement avant de le faire individuellement : les mots trouvés oralement par l'ensemble du groupe sont écrits sur une grande feuille sous forme de deux listes. Puis, la comptine est écrite, mais avec les mots trouvés par le groupe.

Passer par ce stade collectif donne plus d'assurance aux enfants.

Si ce jeu est effectué lors des premières séances d'atelier, ce stade est nécessaire.

Si, au contraire, les enfants sont habitués à jouer avec les mots, avec leur imagination, leur proposer directement le travail individuel, cela les ravira.

jeu 58 Histoire collective

Objectifs

Travailler et écrire en commun.
Avoir un style d'écriture précis et concis.
Accepter des propositions venant d'autrui.
Savoir imposer son style d'écriture.

Niveau

CE – CM.

Matériel

Feuilles.
Crayons/stylos.

Jeu collectif et/ou individuel

• Situation d'écriture

Il est préférable pour ce jeu que les enfants soient assis autour d'une même grande table.

L'enfant qui commence écrit une courte phrase sur une feuille. Puis, il passe la feuille à son voisin de droite qui, à son tour, va écrire une phrase faisant suite à la première, et ainsi de suite jusqu'au dernier.

L'enfant qui écrit en premier doit proposer une phrase « ouverte », donnant la possibilité d'écrire dans plusieurs directions, tout comme le dernier devra écrire une phrase devant clore le texte.

Le temps d'écriture de chacun est déterminé en début de séance et calculé à partir du moment où il commence à écrire (environ 2 ou 3 minutes).

C'est le participant qui écrit la première phrase qui lit l'histoire.

• Commentaire

Amener les enfants de l'atelier à écrire des phrases à rebondissements.

Par ailleurs, les phrases étant assez courtes, le vocabulaire doit être très précis et très ciblé. Chaque participant doit également veiller à garder le style d'écriture qui lui a été proposé dans la phrase précédente, afin que le texte final soit homogène.

L'idéal est, qu'à la lecture en fin de séance, les auditeurs (ou des auditeurs extérieurs à l'atelier) n'aient pas la sensation que le texte a été écrit par plusieurs personnes.

jeu 59 Le monde à l'envers

Objectifs

Jeu de déblocage.
Jeu de libération.
Introduction au monde du calembour.
Jeu de mots.
Jeu de mixage et de permutation.

Niveau

CE – CM.

Matériel

Feuilles.
Crayons/stylos.
Éventuellement, un dictionnaire.

Jeu individuel ou en couple

Situation d'écriture

Établir des listes de mots composés construits à partir des prépositions « de », « en » et « à ». Par exemple : pomme de pin, boîte en carton, fer à repasser…

À partir de ces listes, on s'amuse ensuite à réécrire des mots composés à partir de deux autres dont on aura interchangé les termes.

L'enfant devra choisir, bien entendu, les combinaisons les plus amusantes ou les plus poétiques parmi toutes les possibilités qui s'offriront à lui.

Les enfants peuvent enfin s'amuser à inventer une histoire très farfelue comprenant ces mots (voir les exemples ci-dessous).

EXEMPLES D'ENFANTS

ATELIER D'ÉCRITURE EN MILIEU SCOLAIRE,
CYCLE 3 (VILLE DE BIÈVRES)

La journée de Monsieur Compliqué

Le matin, au petit déjeuner, il mangeait un verre de tomates, une salade de lait, une table de fruits et une salade à repasser.

Pour se laver, il utilisait une trousse de terre et une pomme de toilette ; puis il mettait son manteau de bois et partait au galop sur son cheval de fourrure sans oublier de mettre son chapeau de fraises et de prendre la confiture de paille.

Souvent, il rencontrait sur le chemin un bonhomme de fer qui marchait sur un fil de neige et plus loin encore un tas de nuit sur une table de foin.

Le soir, il revenait sur sa moto de lapin en ayant beaucoup de pattes de course. Il mangeait une compote de chocolat avec une tablette de pommes et se couchait au pied de son sapin de bois, dans son lit de Noël.

EXEMPLES D'ENFANTS

ATELIER D'ÉCRITURE EN MILIEU SCOLAIRE, CYCLE 3 (VILLE DE CORBEIL-ESSONNES)

Le monde à l'envers

J'ai rencontré un jour un drôle d'homme qui vivait le monde à l'envers, chez lui il y avait :
un fer à linge avec une armoire à cheval, une roue à main avec un sac de voiture, un fer de prison avec un gardien à repasser, des bottes à plumes avec un canard en cuir.
Dans son jardin, on a trouvé :
Une mare de paille avec un chapeau à canard, une chaussure à bretelles avec une robe à talons, un manche en velours avec un pantalon à balai, une robe d'histoires avec un livre en soie.
Lui, c'est incroyable, il s'y retrouvait !

• Prolongement

De nombreux prolongements peuvent être mis en place.

- Les enfants peuvent jouer à deux : chacun dresse une liste de vingt mots composés avec la préposition « de » et les numérote de 1 à 20. Puis, ils écrivent une liste commune, comprenant les noms composés ainsi : 1 avec 1, 2 avec 2, 3 avec 3, etc.
- Le même travail peut se faire à partir de verbes : manger comme quatre, chanter comme une casserole… ou à partir d'adjectifs : gai comme un pinson, blanc comme neige, doux comme un mouton…

• Commentaire

Ce jeu simple peut être réussi par tous les enfants et ils s'amuseront beaucoup à découvrir des combinaisons variées.

Il faudra être très vigilant à l'écriture du texte dans lequel l'enfant devra faire preuve d'imagination et qui sera mis au service d'un très grand plaisir.

jeu 60 Augmentation délirante

Objectifs

Apprendre à étoffer un texte.
Libérer l'écriture.
Respecter une règle.
Apprendre le respect d'une contrainte.

Niveau

CM.

Matériel

Feuilles.
Crayons/stylos.
Extrait de texte.

Jeu individuel et/ou collectif

• Situation d'écriture

Tout comme dans le jeu n° 23 (voir page 90), proposer un extrait de trois ou quatre lignes d'un texte d'auteur. Le jeu consiste à augmenter le texte en ajoutant des mots ou des groupes de mots : **au minimum 1 mot et au maximum 5 mots** entre chaque mot ou groupe de mots.

EXEMPLE D'ENFANT

TEXTE DE MILÀN (10 ANS)

D'après « Le Quotidien quotidien »
de Julio Cortazar, in *Cronopes et Fameux*,
Éditions Gallimard
Le texte ajouté est en gras

Un **vieux** monsieur prend **chaque matin** l'autobus **au coin de sa rue** après avoir **obligatoirement** acheté **et payé** le journal **et des revues** et les avoir mis avec **beaucoup de précautions** sous son bras **droit. Environ** une demi-heure plus tard, il descend **rapidement** avec le même journal **et les mêmes revues** sous le même bras **droit.**

• Prolongement

Ce jeu peut aussi se pratiquer en groupe, en prenant un texte plus long que l'on scinde : les trois premières lignes ou phrases sont données au premier participant du groupe, les trois suivantes à son voisin et ainsi de suite.

À la fin du travail, chaque enfant lit le texte qu'il a écrit, en suivant l'ordre de départ. Ainsi, les paragraphes « augmentés » sont lus les uns à la suite des autres et un nouveau texte voit le jour.

• Commentaire

Au contraire du jeu n° 23, l'enfant n'intervient plus où bon lui semble, mais il doit insérer des mots entre chaque groupe de mots (soit avant, soit après, afin de respecter la bonne syntaxe). Le travail est donc ici plus recherché, mais aussi plus libérateur en ce qui concerne l'écriture.

Le texte choisi doit être assez « ouvert », c'est-à-dire avec un minimum de mots, afin d'être « augmenté » facilement. Le texte proposé ici s'adresse aussi bien aux adultes qu'aux enfants, car l'auteur installe une situation en peu de mots et l'on peut tout à loisir s'amuser à cette « augmentation » délirante.

Annexes

Lecture-spectacle

Bibliographie et musicographie

Table des jeux

LECTURE-SPECTACLE

Une lecture-spectacle est, comme son nom l'indique, un spectacle dont le texte est lu.

Proposer aux enfants de monter un spectacle, en mettant en scène, ou plutôt « en espace », les textes écrits pendant les ateliers.

Ces textes sont ainsi valorisés, car entendus par un public. Le spectacle est aussi un moyen d'ouverture, de socialisation et de communication.

Voici un exemple, dans le choix des textes, de déroulement de spectacle :

1. À la manière de Georges Perec (2 textes) ;
2. Inventions (lettres A à I) ;
3. Haïkus (4 textes) ;
4. Si j'étais une carotte (6 textes) ;
5. Suppositions (2 textes) ;
6. L'île déserte (2 textes) ;
7. À la manière de Georges Perec ;
8. Bientôt je n'aurai plus de roue (1 texte) ;
9. D'où vient le vent ? (3 textes) ;
10. J'écris un tercet (2 textes) ;
11. Poésie d'amour (3 textes) ;
12. Dieu existe-t-il ? (3 textes) ;
13. Arbre ou feuille (2 textes) ;
14. Questions/réponses (4 ou 5 questions/réponses) ;
15. V. S. A. (2 textes) ;
16. Le monde à l'envers (2 textes) ;
17. Dans mon pays (2 textes) ;
18. Jus de pomme (1 texte).

Ceci n'est évidemment qu'une proposition.

Il est important que le spectacle comprenne au moins un texte de chacun des enfants et que ceux-ci aient donné leur accord. En effet, certains enfants n'ont pas envie d'être lu et entendu et il est judicieux de respecter ce désir. Au contraire, pour ceux qui acceptent, il serait dommage d'en oublier un ; cette avancée dans la socialisation est un grand pas en avant pour certains enfants inhibés.

Évidemment, tous les textes écrits en atelier ne peuvent être lus, la durée maximum d'un tel spectacle ne devant pas excéder 30 à 35 minutes (durée moyenne d'écoute).

Ce spectacle peut être présenté aux autres classes ou aux parents ; on peut même en prévoir un par trimestre…

BIBLIOGRAPHIE ET MUSICOGRAPHIE

BIBLIOGRAPHIE

Claire Boniface, *Les Ateliers d'écriture*, Éditions Retz, collection « Pédagogie pratique », Paris, 1992.

Charles Juliet, *Lambeaux*, POL, Paris, 1995.

Dominique Mégrier, *100 poèmes à dire et à lire*, Éditions Retz, collection « Pédagogie pratique », Paris, 1999.

Oulipo, *La Littérature potentielle*, Éditions Gallimard, collection « Folio », Paris, 1988.

Georges Perec, *Je me souviens*, Hachette, Paris, 1998.

MUSICOGRAPHIE :
Musiques douces et relaxantes

- *Musique d'harmonisation*, Henry Gendrot, Nova, Ellébore.
- *Aurora*, R. Hollinger, Auvidis.
- *Le Grand bleu*, Éric Serra.
- *Steppe*, René Aubry, Média 7.
- *The Köln Concert*, Keith Jarret.
- *Musique de relaxation*, vol. 4, London.

TABLE DES JEUX

Conception de maquette (intérieur et couverture) :
Michèle Bisgambiglia

Réalisation : **Domino**

Édition : **Anne Marty**

Préparation : **Thérèse Grandvoinnet**

Relecture-corrections : **Catherine Lainé**

Dessin de couverture : **Natali Fortier**

N° projet : 10080914-(I)-(3)-BSBM 80°-D.L. janvier 2001
Achevé d'imprimer sur les presses de l'imprimerie Campin 2000
à Tournai, Belgique